COMPRENDERE
IL DISTURBO DELL'AROUSAL GENITALE PERSISTENTE

Una Guida Clinica All'eziologia, ai Sintomi e alla Gestione Multidisciplinare

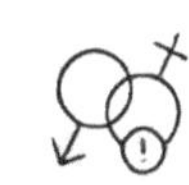

Isabella White

Copyright © 2024 di Isabella White.

Sommario

Capitolo 8

Popolazioni Speciali e Considerazioni 101

Capitolo 9

Direzioni Future e Domande Senza Risposta 114

Conclusione 128

Appendice 131

Circa L'autore 135

Introduzione

Definizione e Criteri Diagnostici

Disturbo Persistente Dell'eccitazione Genitale (PGAD) è una condizione rara e spesso fraintesa, caratterizzata da un'eccitazione genitale spontanea, persistente e incessante in assenza di desiderio o stimolazione sessuale. Questo stato cronico di congestione e sensibilità genitale può causare un significativo disagio fisico ed emotivo, influenzando negativamente la qualità della vita di un individuo.

Secondo la quinta edizione del Manuale diagnostico e statistico dei disturbi mentali (DSM-5), i criteri diagnostici per PGAD includono:

- Sensazioni persistenti o ricorrenti di eccitazione genitale che non sono innescate da interesse o desiderio sessuale e non sono correlate a pensieri, comportamenti o stimoli sessuali.

- L'eccitazione persiste per un periodo prolungato (ad esempio, ore, giorni o più) e non diminuisce completamente.
- L'eccitazione genitale persistente causa disagio significativo o compromissione del funzionamento personale, sociale, lavorativo o in altre aree critiche.
- Un'altra condizione medica, l'uso di sostanze o farmaci non spiegano meglio i sintomi.

La PGAD è distinta dall'ipersessualità o dall'aumento del desiderio sessuale. Gli individui con PGAD sperimentano l'eccitazione genitale fisica senza il desiderio psicologico o emotivo di accompagnamento per l'attività sessuale. Questa disconnessione tra le componenti fisiche e psicologiche dell'eccitazione sessuale è una caratteristica distintiva del PGAD.

La condizione può manifestarsi in varie forme, tra cui persistente ingorgo genitale, pulsazioni genitali, sensazioni pulsanti o una costante sensazione di essere sull'orlo dell'orgasmo. Questi sintomi possono essere presenti in modo continuo o intermittente, durando da diverse ore a giorni o settimane.

La PGAD può verificarsi in individui di qualsiasi età, sesso o orientamento sessuale, sebbene sia più comunemente segnalata nelle donne. L'insorgenza dei sintomi può essere improvvisa o graduale e la condizione può persistere per mesi o anni senza remissione.

Storia e Panoramica

Il disturbo dell'eccitazione genitale persistente (PGAD) ha una storia relativamente recente in termini di riconoscimento formale e comprensione scientifica. Tuttavia, le segnalazioni di individui che hanno sperimentato un'eccitazione genitale inspiegabile e indesiderata possono essere fatte risalire alla fine del XX secolo.

Uno dei primi casi documentati di PGAD è stato segnalato nel 2001 da **La dottoressa Sandra Leiblum**, psicologo e terapista sessuale dell'Università della Pennsylvania. Ha descritto un gruppo di donne che hanno sperimentato un'eccitazione genitale persistente e intrusiva non correlata al desiderio o alla stimolazione sessuale. Questo rapporto iniziale ha contribuito ad aumentare la consapevolezza della condizione all'interno della comunità medica.

Negli anni successivi furono segnalati più casi e i ricercatori iniziarono a indagare sulle potenziali cause, sintomi e opzioni di trattamento della PGAD. Nel 2008, la condizione è stata formalmente riconosciuta e inclusa nella terza edizione rivista della Classificazione statistica internazionale delle malattie e dei problemi sanitari correlati (ICD-10) con il codice N94.8, "Altre condizioni specificate associate agli organi genitali femminili e al ciclo mestruale ."

L'inclusione della PGAD nell'ICD-10 ha contribuito a stabilirla come una condizione medica legittima, incoraggiando ulteriori ricerche e facilitando lo sviluppo di criteri diagnostici e protocolli di trattamento. Successivamente, nel 2013, l'American Psychiatric Association ha pubblicato il PGAD nella quinta edizione del Manuale diagnostico e statistico dei disturbi mentali (DSM-5).

Nonostante il suo riconoscimento relativamente recente, la PGAD è stata probabilmente presente nel corso della storia, ma potrebbe essere stata fraintesa, diagnosticata erroneamente o trascurata a causa dello stigma sociale che circonda le discussioni sulla salute sessuale e sui disturbi dell'eccitazione genitale.

Man mano che la consapevolezza della PGAD cresce, sempre più persone cercano assistenza medica per i loro sintomi, portando a maggiori sforzi di ricerca e ad una migliore comprensione della condizione. Tuttavia, resta ancora molto da imparare sulle cause sottostanti, sulla prevalenza e sugli approcci terapeutici più efficaci per la PGAD.

Nel complesso, sebbene la PGAD sia una condizione riconosciuta relativamente di recente, rappresenta un significativo passo avanti nel riconoscere e affrontare un disturbo dell'eccitazione genitale angosciante che può avere un profondo impatto sulla qualità della vita di un individuo.

Epidemiologia e Prevalenza

Determinare la precisa prevalenza ed epidemiologia di **Disturbo persistente dell'eccitazione genitale (PGAD)** è stata impegnativa a causa di diversi fattori, tra cui il suo riconoscimento relativamente recente, la sottostima e la potenziale diagnosi errata.

Nessuno studio epidemiologico su larga scala fornisce attualmente stime definitive della prevalenza della PGAD. Tuttavia, sulla base delle ricerche disponibili e dei casi clinici, è generalmente considerata una condizione rara.

Uno dei primi studi, pubblicato nel 2009 da Leiblum e colleghi, riportava una serie di casi di 19 donne con diagnosi di PGAD. Questo studio ha evidenziato la diversità delle presentazioni e delle potenziali eziologie associate alla condizione.

Nel 2012, un sondaggio condotto dalla Società Internazionale per lo Studio della Salute Sessuale delle Donne (ISSWSH) ha ricevuto risposte da 108 donne che si autoidentificavano come affette da PGAD. Sebbene questa indagine abbia fornito preziose informazioni sulle esperienze degli individui con PGAD, non era uno studio basato sulla popolazione. Potrebbe non riflettere accuratamente la reale prevalenza.

Più recentemente, nel 2018, uno studio pubblicato sul Journal of Sex & Marital Therapy ha analizzato i dati di un sondaggio online completato da 109 persone con PGAD. I risultati hanno indicato che il PGAD può colpire individui di tutte le età, generi e orientamenti sessuali. Tuttavia, sembra essere più comunemente riportato nelle donne cisgender.

Nonostante la mancanza di dati epidemiologici su larga scala, è generalmente accettato che la PGAD sia una condizione rara che colpisce una piccola percentuale della popolazione. Tuttavia, i tassi di prevalenza potrebbero essere più elevati di quelli stimati a causa della sottostima e della diagnosi errata. Diversi fattori contribuiscono alla sottostima di PGAD, tra cui:

1. **Mancanza di consapevolezza:** Molti individui e operatori sanitari potrebbero aver bisogno di avere maggiore familiarità con il PGAD, il che può portare a diagnosi errate o all'esclusione dei sintomi.

2. **Stigma e imbarazzo:** La natura intima dei sintomi e dei tabù sociali che circondano le discussioni sulla salute sessuale possono rendere le persone riluttanti a rivolgersi al medico.

3. **Diagnosi errata:** I sintomi della PGAD possono essere attribuiti erroneamente ad altre condizioni, come l'ipersessualità o disturbi psicologici, portando a diagnosi errate.

Man mano che la ricerca e la consapevolezza della PGAD continuano a crescere, saranno disponibili dati epidemiologici più accurati, fornendo una migliore comprensione della prevalenza e della distribuzione di questa condizione tra le diverse popolazioni.

Capitolo 1

L'eziologia del Disturbo Persistente Dell'eccitazione Genitale

Fattori Fisiologici

L'eziologia del disturbo dell'eccitazione genitale persistente (PGAD) non è completamente compresa ed è probabilmente una condizione multifattoriale con vari potenziali fattori fisiologici che contribuiscono. Sebbene gli esatti meccanismi alla base della PGAD rimangano sfuggenti, sono stati proposti e studiati diversi fattori fisiologici:

1. **Fattori neurologici:**
   - **Disregolazione del sistema nervoso centrale (SNC):** Il PGAD può essere collegato a cambiamenti nell'ipotalamo, nell'amigdala e nella corteccia prefrontale, che sono parti

del cervello che controllano l'eccitazione e l'inibizione sessuale.

- **Disfunzione dei nervi sensoriali:** Alcuni ricercatori suggeriscono che la PGAD potrebbe derivare da un'anomala segnalazione dei nervi sensoriali o da un'ipersensibilità nella regione genitale, che porta a sensazioni di eccitazione persistenti.

2. **Fattori vascolari:**

- **Aumento del flusso sanguigno pelvico:** Negli individui affetti da PGAD, le anomalie nella regolazione del flusso sanguigno pelvico o del tono vascolare possono contribuire all'ingorgo e all'eccitazione genitale persistente.

- **Sindrome da congestione pelvica:** Alcuni casi di PGAD sono stati collegati alla sindrome da congestione pelvica, una condizione caratterizzata da vene pelviche dilatate e congestionate, che possono causare dolore pelvico e disagio genitale.

3. **Fattori endocrini e ormonali:**
   - **Squilibri ormonali:** Fluttuazioni o squilibri ormonali, come estrogeni, progesterone e testosterone, sono stati proposti come potenziali fattori che contribuiscono alla PGAD, in particolare nei casi associati alla menopausa o alla terapia ormonale.
   - **Disfunzione tiroidea:** Alcuni studi hanno suggerito un possibile legame tra PGAD e disturbi della tiroide, sebbene la relazione non sia ben consolidata.

4. **Coinvolgimento del midollo spinale o dei nervi periferici:**
   - **Lesioni o lesioni del midollo spinale:**In alcuni casi, la PGAD è stata segnalata in individui con lesioni o lesioni del midollo spinale, suggerendo che le interruzioni nei percorsi spinali coinvolti nell'eccitazione e nell'inibizione sessuale possono svolgere un ruolo.
   - **Compressioni o lesioni dei nervi periferici:** In alcuni casi la

compressione o il danno ai nervi periferici che innervano la regione genitale, come il nervo pudendo, sono stati associati alla PGAD.

Per molti individui affetti da PGAD, non è possibile identificare alcuna causa fisiologica specifica e la condizione può essere idiopatica o multifattoriale, coinvolgendo una combinazione di fattori fisiologici, psicologici e ambientali.

Fattori Neurologici

Si ritiene che i fattori neurologici svolgano un ruolo significativo nell'eziologia del disturbo dell'eccitazione genitale persistente (PGAD). Si ritiene che l'intricata interazione tra varie regioni cerebrali e percorsi neurali coinvolti nell'eccitazione sessuale, nell'inibizione e nell'elaborazione sensoriale sia interrotta negli individui con PGAD. Diversi meccanismi neurologici sono stati proposti come potenziali contributori:

1. **Disregolazione del sistema nervoso centrale (SNC):**
   - L'ipotalamo, l'amigdala e la corteccia prefrontale sono regioni chiave del

cervello che regolano l'eccitazione e l'inibizione sessuale.

- Anomalie funzionali o strutturali in queste regioni o nelle loro interconnessioni possono portare a uno squilibrio tra i meccanismi eccitatori e inibitori, con conseguente persistente eccitazione genitale.
- Studi di neuroimaging hanno mostrato differenze nei modelli di attività cerebrale e nella connettività funzionale negli individui con PGAD rispetto ai controlli sani.

2. Disfunzione dei nervi sensoriali:

- La PGAD può essere associata ad alterazioni dell'elaborazione sensoriale o ad ipersensibilità nella regione genitale.
- Anomalie nei nervi periferici o spinali che innervano l'area genitale, come il nervo pudendo, potrebbero contribuire alla percezione di sensazioni di eccitazione persistenti.
- Danni o compressione di questi nervi dovuti a lesioni, interventi chirurgici o

altre condizioni possono interrompere la normale segnalazione sensoriale e potenzialmente innescare sintomi PGAD.

3. **Squilibri dei neurotrasmettitori:**
   - I neurotrasmettitori, come la dopamina, la serotonina e la norepinefrina, svolgono un ruolo cruciale nella regolazione dell'eccitazione, del desiderio e dell'inibizione sessuale.
   - Squilibri o disregolazioni di questi sistemi di neurotrasmettitori sono stati proposti come potenziali contributori alla PGAD. Tuttavia, i meccanismi specifici devono ancora essere compresi meglio.

4. **Neuroplasticità e condizionamento:**
   - Alcuni ricercatori suggeriscono che la PGAD possa comportare una forma di neuroplasticità aberrante, in cui i percorsi neurali del cervello legati all'eccitazione sessuale diventano eccessivamente sensibilizzati o condizionati.

- Le sensazioni persistenti di eccitazione genitale, anche in assenza di desiderio sessuale, possono rinforzare e rafforzare questi percorsi neurali, perpetuando il ciclo di PGAD.

I fattori neurologici che contribuiscono al PGAD sono complessi e possono variare da individuo a individuo. In alcuni casi, la PGAD può essere associata a condizioni neurologiche sottostanti, come lesioni del midollo spinale, sclerosi multipla o morbo di Parkinson, che possono influenzare i percorsi neurali coinvolti nell'eccitazione e nell'inibizione sessuale.

Fattori Psicologici

Si ritiene che i fattori psicologici svolgano un ruolo significativo nello sviluppo e nel mantenimento del disturbo dell'eccitazione genitale persistente (PGAD). Sebbene i meccanismi fisiologici alla base della PGAD non siano completamente compresi, l'impatto psicologico e il disagio associato possono esacerbare e perpetuare la condizione. Diversi fattori psicologici sono stati proposti come contributori al PGAD:

1. **Ansia e stress:**
   - Alti livelli di ansia, stress e disagio emotivo possono portare a cambiamenti fisiologici che possono contribuire o peggiorare i sintomi della PGAD.
   - Lo stress cronico può interrompere il normale funzionamento dell'asse ipotalamo-ipofisi-surrene (HPA), che regola le risposte allo stress e può influenzare i meccanismi di eccitazione sessuale.
   - L'ansia e la paura legate alle persistenti sensazioni di eccitazione possono creare un ciclo di ansia anticipatoria, esacerbando ulteriormente i sintomi.

2. **Fattori cognitivi e attentivi:**
   - La concentrazione persistente e l'ipervigilanza verso le sensazioni di eccitazione genitale possono rinforzare i percorsi neurali e perpetuare la percezione dell'eccitazione.
   - Pensieri catastrofici e valutazioni cognitive negative sui sintomi possono

aumentare il disagio e ostacolare le strategie di coping.

3. **Condizioni psicologiche comorbili:**
   - Il PGAD è stato segnalato in individui con condizioni psicologiche concomitanti, come depressione, disturbi d'ansia, disturbo ossessivo-compulsivo (DOC) o disturbo da stress post-traumatico (PTSD).
   - Queste condizioni possono contribuire allo sviluppo o al mantenimento della PGAD attraverso meccanismi quali la regolazione alterata dei neurotrasmettitori, risposte allo stress o distorsioni cognitive.

4. **Traumi ed esperienze di vita avverse:**
   - Alcuni individui con PGAD riferiscono una storia di traumi fisici, sessuali o emotivi, che possono avere impatti psicologici e fisiologici di lunga durata.
   - I meccanismi legati al trauma, come la dissociazione, l'ipereccitazione e la disregolazione del sistema di risposta allo stress, possono svolgere un ruolo

nella manifestazione dei sintomi del PGAD.

5. Disfunzione sessuale e fattori relazionali:

- La PGAD può portare a disagio significativo e compromissione del funzionamento sessuale, che può contribuire a difficoltà relazionali, problemi di intimità e ulteriore disagio psicologico.
- L'impatto del PGAD sul benessere sessuale e relazionale di un individuo può creare uno schema ciclico, esacerbando il carico psicologico associato alla condizione.

Sebbene i fattori psicologici possano contribuire allo sviluppo e al mantenimento del PGAD, non sono l'unica causa. Per gestire efficacemente la PGAD è spesso necessaria una valutazione completa e un approccio multidisciplinare che affronti gli aspetti fisiologici e psicologici.

Altre Potenziali Cause

Sebbene i principali fattori eziologici associati al disturbo dell'eccitazione genitale persistente (PGAD) siano fisiologici, neurologici e psicologici, sono state esplorate o proposte molte altre potenziali cause e fattori che contribuiscono.

È essenziale considerare la natura multifattoriale del PGAD e la potenziale interazione tra vari fattori:

1. **Effetti dei farmaci e delle sostanze:**
   - Alcuni farmaci, come gli antidepressivi (ad esempio trazodone, venlafaxina), farmaci dopaminergici (ad esempio aripiprazolo, cabergolina) e altri, sono stati collegati allo sviluppo o all'esacerbazione dei sintomi PGAD in alcuni individui.
   - In alcuni casi di PGAD è stato segnalato anche l'uso di sostanze illecite, come cannabis o anfetamine. Tuttavia, i meccanismi non sono ben compresi.

2. Disfunzione muscolare del pavimento pelvico:

- In alcuni casi, sono state proposte anomalie o disregolazioni nella funzione dei muscoli del pavimento pelvico, comprese ipertonicità o spasticità, come potenziali fattori che contribuiscono ai sintomi della PGAD.
- La disfunzione dei muscoli del pavimento pelvico può derivare da varie cause, come il parto, la chirurgia pelvica o condizioni neurologiche.

3. Fattori endocrini e ormonali:

- Squilibri o fluttuazioni ormonali, in particolare legati a estrogeni, progesterone e testosterone, sono stati associati in alcuni casi all'insorgenza o all'esacerbazione della PGAD.
- Condizioni come la menopausa, la terapia ormonale o i disturbi endocrini possono contribuire allo sviluppo della PGAD in alcuni individui.

4. Fattori vascolari e circolatori:

- Anomalie nel flusso sanguigno pelvico o nel tono vascolare, come quelle osservate nella sindrome da congestione pelvica, sono state collegate all'ingorgo genitale persistente e all'eccitazione in alcuni casi di PGAD.

- o Condizioni vascolari o variazioni anatomiche possono contribuire ad alterare i modelli di flusso sanguigno nella regione pelvica.

5. Fattori genetici e familiari:

- o Sebbene rari, sono stati segnalati cluster familiari o potenziali predisposizioni genetiche alla PGAD, suggerendo che i fattori genetici possono svolgere un ruolo in alcuni casi.
- o Sono necessarie ulteriori ricerche per esplorare le potenziali componenti genetiche ed ereditarie della PGAD.

6. Cause idiopatiche o sconosciute:

- o In una percentuale significativa di casi di PGAD, non è possibile identificare una chiara causa sottostante e la condizione è considerata idiopatica o di eziologia sconosciuta.

- Ciò evidenzia la complessità del PGAD e la necessità di continuare la ricerca per svelare i potenziali meccanismi multifattoriali che contribuiscono al suo sviluppo.

È fondamentale riconoscere che la PGAD è una condizione eterogenea e che i fattori specifici che contribuiscono possono variare da individuo a individuo. Una valutazione completa, che consideri l'anamnesi del paziente, i farmaci, i potenziali fattori scatenanti e le condizioni associate, è essenziale per sviluppare un piano di gestione efficace su misura per le esigenze dell'individuo.

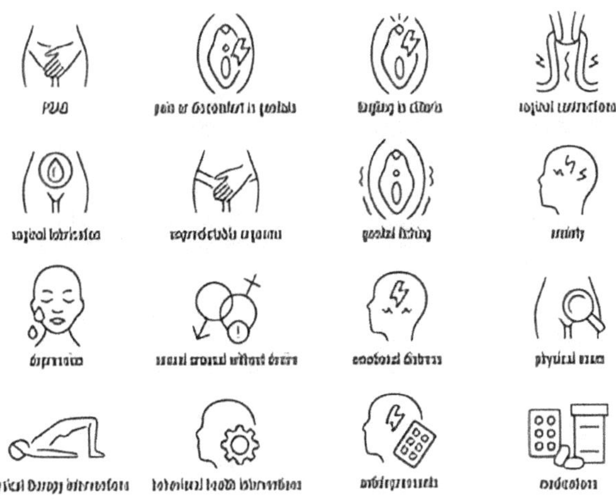

Capitolo 2

Sintomi e Presentazione Clinica

Sintomi Fisici

Il disturbo dell'eccitazione genitale persistente (PGAD) è caratterizzato da una serie di sintomi fisici legati a sensazioni di eccitazione genitale persistenti o ricorrenti che non sono correlate al desiderio o alla stimolazione sessuale. I sintomi fisici della PGAD possono essere dolorosi e avere un impatto significativo sulla qualità della vita di un individuo. I sintomi fisici più comuni includono:

1. **Ingorgo e gonfiore genitale persistente o intermittente:**
   - Gli individui affetti da PGAD spesso sperimentano un prolungato ingorgo e gonfiore dell'area genitale, compresi il clitoride, le labbra o il pene, senza

alcuna stimolazione o desiderio sessuale apparente.

- Una sensazione palpitante o pulsante può accompagnare questo gonfiore genitale.

2. Ipersensibilità genitale e disestesia:

- Il PGAD può causare maggiore sensibilità e disagio nella regione genitale, anche con un tocco o una pressione leggeri che innescano sensazioni intense.

- Alcuni individui riferiscono una sensazione di bruciore, formicolio o simile a una scossa elettrica nell'area genitale.

3. Sensazioni di eccitazione persistenti e sensazione di essere "al limite":

- Un sintomo caratteristico del PGAD è la sensazione costante o intermittente di essere sull'orlo dell'orgasmo senza alcun desiderio o stimolazione sessuale di accompagnamento.

- Queste sensazioni possono essere descritte come una sensazione persistente di pulsazione, pulsazione o pressione genitale.

4. Contrazioni muscolari involontarie e spasmi:

- Alcuni individui affetti da PGAD sperimentano contrazioni muscolari involontarie o spasmi nel pavimento pelvico, nell'area genitale o nell'interno delle cosce, che possono contribuire a sensazioni di eccitazione persistenti.

5. Dolore o disagio genitale:

- L'ingorgo e l'eccitazione genitale prolungati possono portare a dolore, indolenzimento o disagio nella regione genitale, che può essere esacerbato dall'attività fisica o dalla pressione.

6. Lubrificazione vaginale o ingorgo del pene:

- La PGAD può anche manifestarsi come lubrificazione vaginale eccessiva o continua o ingorgo del pene, nonostante l'assenza di desiderio o stimolazione sessuale.

Alcuni individui possono manifestare sintomi continui, mentre altri possono avere episodi intermittenti con periodi privi di sintomi. Inoltre, i sintomi fisici possono essere accompagnati da disagio psicologico, ansia e difficoltà nelle attività quotidiane, nella funzione sessuale e nelle relazioni personali.

Una diagnosi accurata e il riconoscimento dei sintomi fisici della PGAD sono cruciali per fornire una gestione e un supporto adeguati alle persone affette. Una valutazione completa da parte di un operatore sanitario è essenziale per escludere altre potenziali condizioni sottostanti e sviluppare un piano di trattamento personalizzato.

Sintomi Psicologici

Il disturbo dell'eccitazione genitale persistente (PGAD) può avere un profondo impatto sul benessere psicologico di un individuo, portando a vari sintomi psicologici che possono esacerbare il disagio e il deterioramento associati alla condizione. I sintomi psicologici del PGAD possono essere debilitanti e possono includere:

1. **Ansia e stress:**
   - La natura persistente e intrusiva dei sintomi PGAD può portare ad ansia, preoccupazione e disagio emotivo significativi.
   - Gli individui possono provare ansia anticipatoria, temendo l'insorgenza o il ripetersi di sensazioni di eccitazione indesiderate.
   - Lo stress cronico e l'ansia possono esacerbare ulteriormente i sintomi fisici della PGAD, creando un circolo vizioso.

2. **Depressione e umore basso:**
   - La lotta costante con i sintomi della PGAD, unita all'impatto sulla vita quotidiana e sulle relazioni personali, può contribuire a sentimenti di tristezza, disperazione e depressione.
   - L'incapacità di trovare sollievo o cure efficaci può portare ad un senso di impotenza e ad una diminuzione dell'autostima.

3. Imbarazzo e isolamento sociale:

- La natura intima e tabù dei sintomi della PGAD può far sì che le persone si sentano in imbarazzo o si vergognino, portando all'isolamento sociale e all'evitamento delle situazioni sociali.
- La paura di essere giudicati o incompresi può ulteriormente contribuire a sentimenti di solitudine e ritiro.

4. Difficoltà con l'intimità e le relazioni:

- Il PGAD può avere un impatto significativo sulla funzione sessuale e sull'intimità, portando a sfide nelle relazioni romantiche e nella soddisfazione del partner.
- La disconnessione tra eccitazione fisica e desiderio psicologico può creare tensione e tensione nelle relazioni.

5. Disturbi del sonno e stanchezza:

- Le persistenti sensazioni di eccitazione e il disagio associato possono interferire con la qualità del sonno, portando a insonnia, difficoltà ad addormentarsi o a mantenere il sonno e affaticamento diurno.

- I ritmi di sonno interrotti possono ulteriormente esacerbare i sintomi psicologici e compromettere il benessere generale.

6. Difficoltà cognitive e concentrazione ridotta:

- La costante preoccupazione per i sintomi della PGAD può rendere difficile concentrarsi sulle attività quotidiane, sul lavoro o sullo studio, portando a difficoltà cognitive e concentrazione ridotta.
- Pensieri intrusivi e ruminazioni sulla condizione possono contribuire a queste sfide cognitive.

7. Condizioni psicologiche comorbili:

- Il PGAD è stato associato ad un aumento del rischio di condizioni psicologiche concomitanti, come disturbi d'ansia, depressione, disturbo ossessivo-compulsivo (DOC) o disturbo da stress post-traumatico (PTSD).

○ Queste condizioni di comorbidità possono ulteriormente aggravare il disagio psicologico e il deterioramento vissuti dagli individui con PGAD.

È fondamentale affrontare gli aspetti fisici e psicologici del PGAD attraverso un approccio multidisciplinare che coinvolga professionisti medici, specialisti della salute mentale e risorse di supporto.

Impatto sulla Qualità della Vita

Il disturbo dell'eccitazione genitale persistente (PGAD) può avere un impatto profondo e di vasta portata sulla qualità complessiva della vita di un individuo, influenzando vari aspetti del funzionamento quotidiano, del benessere e delle relazioni personali.

La natura persistente e intrusiva dei sintomi PGAD può interrompere sostanzialmente le normali attività e portare a disagio e menomazione significativi. L'impatto sulla qualità della vita può manifestarsi nei seguenti modi:

1. **Interferenza con le attività quotidiane e la produttività:**
   - La costante preoccupazione per i sintomi della PGAD, come sensazioni di eccitazione persistente, disagio e disagio psicologico associato, può rendere difficile concentrarsi sulle attività quotidiane, sul lavoro o sullo studio.
   - Gli individui possono sperimentare una diminuzione della produttività, assenteismo o difficoltà a soddisfare gli obblighi professionali o accademici a causa dell'impatto del PGAD.

2. **Conseguenze sociali e interpersonali:**
   - L'imbarazzo e lo stigma associati al PGAD possono portare all'isolamento sociale, all'evitamento di situazioni sociali e a relazioni personali tese.
   - Gli individui possono ritirarsi dalle attività sociali o evitare l'intimità a causa della paura di essere fraintesi o giudicati, esacerbando ulteriormente i sentimenti di solitudine e isolamento.

3. **Impatto sulla funzione e sulle relazioni sessuali:**
   - Il PGAD può interrompere in modo significativo la funzione sessuale e l'intimità, portando a sfide nelle relazioni romantiche e all'insoddisfazione del partner.
   - La disconnessione tra eccitazione fisica e desiderio psicologico può creare tensione, incomprensioni e tensioni all'interno delle relazioni.
   - Il PGAD può contribuire a una diminuzione del senso di autostima, a problemi di immagine corporea e al benessere sessuale generale.

4. **Disturbi del sonno e stanchezza:**
   - Le persistenti sensazioni di eccitazione e il disagio associato possono interferire con la qualità del sonno, portando a insonnia, difficoltà ad addormentarsi o a mantenere il sonno e affaticamento diurno.
   - I ritmi di sonno interrotti possono ulteriormente esacerbare i sintomi fisici e psicologici, compromettere la

funzione cognitiva e avere un impatto negativo sul benessere generale.

5. **Impatto psicologico e comorbilità:**
   - Il PGAD può avere un impatto psicologico significativo, portando ad un aumento dei livelli di ansia, depressione, stress e diminuzione dell'autostima.
   - La condizione è stata associata a un aumento del rischio di condizioni psicologiche concomitanti, come disturbi d'ansia, disturbo ossessivo-compulsivo (DOC) o disturbo da stress post-traumatico (PTSD), che possono ulteriormente aggravare l'impatto sulla qualità della vita.

6. **Oneri finanziari e pratici:**
   - Perseguire la valutazione medica, le opzioni terapeutiche e la gestione continua della PGAD può comportare costi finanziari sostanziali, che potrebbero incidere sul benessere economico di un individuo.
   - Le sfide pratiche, come la necessità di frequenti visite mediche o di assentarsi

dal lavoro, possono aumentare il peso complessivo della convivenza con la PGAD.

È essenziale riconoscere l'impatto multiforme del PGAD sulla qualità della vita e fornire un supporto completo e strategie di gestione adattate alle esigenze specifiche di ciascun individuo.

Capitolo 3

Valutazione e Diagnosi

Valutazione Medica

Una valutazione medica completa è fondamentale per diagnosticare accuratamente il disturbo dell'eccitazione genitale persistente (PGAD) ed escludere altre potenziali condizioni sottostanti. Il processo di valutazione prevede tipicamente le seguenti fasi:

1. **Anamnesi dettagliata:**
   - Dovrebbe essere ottenuta un'accurata anamnesi medica, comprese informazioni sull'esordio, la durata e le caratteristiche dei sintomi persistenti di eccitazione genitale.
   - Dovrebbero essere esplorati i dettagli sui potenziali fattori scatenanti, come farmaci, lesioni o procedure mediche.

- ○ Dovrebbero essere raccolte informazioni sulla storia sessuale dell'individuo, sulla storia ostetrica e ginecologica (per le donne) e su qualsiasi condizione medica precedente o attuale.

2. Esame fisico:

- ○ Un esame fisico completo, compreso un esame pelvico per le donne e un esame genitale per gli uomini, è essenziale per valutare l'area genitale e identificare eventuali anomalie anatomiche o strutturali.
- ○ Un esame neurologico può valutare il potenziale coinvolgimento dei nervi o anomalie sensoriali.
- ○ L'esame dei muscoli del pavimento pelvico e la valutazione del tono e della funzione muscolare possono fornire informazioni preziose.

3. Test di laboratorio:

- ○ Possono essere richiesti esami del sangue per valutare i livelli ormonali (ad esempio, estrogeni, testosterone, ormoni tiroidei) ed escludere disturbi o squilibri endocrini che potrebbero contribuire ai sintomi della PGAD.

- Altri test di laboratorio rilevanti, come marcatori infiammatori o test per condizioni mediche di base, possono essere condotti in base alla storia medica e alla presentazione del soggetto.

4. Studi sull'immagine:

- Le tecniche di imaging, come l'ecografia pelvica o la risonanza magnetica (MRI), possono valutare l'anatomia pelvica, identificare anomalie strutturali o escludere condizioni come la sindrome da congestione pelvica.
- In alcuni casi, tecniche di imaging specializzate, come studi sulla conduzione nervosa o neuroimaging funzionale, possono essere prese in considerazione per valutare i potenziali fattori neurologici che contribuiscono alla PGAD.

5. Consultazione con specialisti:

- A seconda della presentazione dell'individuo e delle presunte cause sottostanti, possono essere necessarie consultazioni con specialisti in vari campi, come neurologia, urologia, ginecologia, endocrinologia o psicologia, per una valutazione completa e un approccio multidisciplinare.

Il processo diagnostico per la PGAD può essere complesso, poiché la condizione è relativamente rara e può avere diverse cause sottostanti. Una valutazione medica approfondita è fondamentale per escludere altre potenziali condizioni che possono presentarsi con sintomi simili, come vulvodinia, disfunzione del pavimento pelvico o dolore neuropatico.

Valutazione Psicologica

La valutazione psicologica è fondamentale nella valutazione e nella gestione complete del disturbo dell'eccitazione genitale persistente (PGAD). La PGAD non si manifesta solo con sintomi fisici ma può anche avere un profondo impatto sul benessere psicologico di un individuo. Una valutazione psicologica approfondita può aiutare a identificare i fattori psicologici che contribuiscono, valutare l'impatto sulla qualità della vita e guidare interventi appropriati. Il processo di valutazione psicologica coinvolge tipicamente i seguenti componenti:

1. **Colloquio clinico e anamnesi:**
   - Viene condotta un'intervista clinica dettagliata per esplorare la storia psicologica dell'individuo, comprese eventuali condizioni di salute mentale passate o attuali, esperienze traumatiche, eventi significativi della vita e strategie di coping.
   - L'esordio, la durata e i fattori scatenanti dei sintomi PGAD, nonché il loro impatto sul funzionamento quotidiano, sulle relazioni e sul benessere generale, vengono esplorati a fondo.

2. **Valutazione psicosociale:**
   - La valutazione psicosociale valuta il sistema di supporto sociale dell'individuo, le relazioni interpersonali e i potenziali fattori di

stress o fattori ambientali che possono contribuire o esacerbare i sintomi della PGAD.

- ○ Questa valutazione può aiutare a identificare le aree in cui ulteriori supporti o interventi potrebbero essere utili.

3. Valutazione dei sintomi psicologici:

- ○ Valutazioni psicologiche standardizzate o misure di autovalutazione possono essere utilizzate per valutare la presenza e la gravità di sintomi psicologici, come ansia, depressione, stress, tendenze ossessivo-compulsive o sintomi correlati al trauma.
- ○ Queste valutazioni aiutano a identificare condizioni psicologiche concomitanti che potrebbero dover essere affrontate come parte del piano di trattamento complessivo.

4. Valutazione cognitiva e comportamentale:

- ○ La valutazione può includere la valutazione di modelli cognitivi, come pensieri catastrofici, distorsioni dell'attenzione o strategie di coping disadattive, che potrebbero contribuire a mantenere o esacerbare i sintomi della PGAD.

- Vengono esplorati anche aspetti comportamentali, come l'evitamento, l'ipervigilanza o i comportamenti compulsivi legati al PGAD.

5. Valutazione della funzione sessuale e della relazione:

- Viene condotta una valutazione della funzione sessuale, dell'intimità e delle dinamiche relazionali dell'individuo, poiché la PGAD può avere un impatto significativo su queste aree.
- Questa valutazione aiuta a identificare potenziali fonti di disagio, problemi di comunicazione o sfide relazionali che devono essere affrontate.

6. Valutazione della qualità della vita:

- La valutazione psicologica dovrebbe includere una valutazione della qualità di vita complessiva dell'individuo, compreso l'impatto del PGAD sulle

> attività quotidiane, sul funzionamento sociale, sul benessere emotivo e sulla soddisfazione generale della vita.
> - Queste informazioni possono guidare lo sviluppo di interventi volti a migliorare il benessere e il funzionamento generale dell'individuo.

La valutazione psicologica è spesso condotta da un professionista qualificato della salute mentale, come uno psicologo, un consulente o un terapista, esperto in salute sessuale e condizioni di dolore cronico. I risultati della valutazione psicologica vengono poi integrati con la valutazione medica per sviluppare una comprensione completa delle circostanze e dei bisogni unici dell'individuo, consentendo lo sviluppo di un piano di trattamento multidisciplinare su misura.

Diagnosi Differenziale

Quando si valuta e si diagnostica il disturbo dell'eccitazione genitale persistente (PGAD), è fondamentale considerare altre potenziali condizioni che possono presentarsi con sintomi simili o imitare il disturbo. La diagnosi differenziale è essenziale per escludere spiegazioni alternative e garantire una diagnosi accurata. Diverse condizioni devono essere considerate e distinte dal PGAD:

1. **Ipersessualità o comportamento sessuale compulsivo:**
   - A differenza della PGAD, l'ipersessualità comporta una preoccupazione eccessiva o compulsiva per pensieri, impulsi e comportamenti sessuali, spesso accompagnati da desiderio e gratificazione sessuale.
   - Nella PGAD, l'eccitazione genitale persistente si verifica in assenza di desiderio o stimolazione sessuale e gli individui in genere trovano i sintomi angoscianti piuttosto che piacevoli.

2. **Vulvodinia o dolore pelvico cronico:**
   - La vulvodinia è una condizione caratterizzata da dolore o fastidio vulvare cronico, che talvolta possono essere accompagnati da sensazioni di eccitazione genitale.
   - Tuttavia, il sintomo principale della vulvodinia è il dolore. Al contrario, nel PGAD, il disturbo principale è

l'eccitazione genitale persistente senza desiderio di attività sessuale.

3. **Disfunzione del pavimento pelvico:**
   - Le condizioni che coinvolgono la disfunzione dei muscoli del pavimento pelvico, come il vaginismo, l'ipertonicità del pavimento pelvico o la sindrome dell'elevatore dell'ano, possono talvolta presentarsi con disagio genitale o sensazioni simili all'eccitazione.
   - Un esame pelvico approfondito e una valutazione della funzione muscolare del pavimento pelvico possono aiutare a differenziare queste condizioni dalla PGAD.

4. **Dolore neuropatico o nevralgia del pudendo:**
   - Le condizioni di dolore neuropatico che coinvolgono il nervo pudendo o altri nervi che innervano la regione genitale possono talvolta imitare le sensazioni di eccitazione persistente.
   - Potrebbero essere necessari esami neurologici dettagliati e test diagnostici

per distinguere il dolore neuropatico dal PGAD.

5. **Squilibri endocrini o ormonali:**
   - Condizioni come disturbi della tiroide, disturbi della ghiandola surrenale o squilibri ormonali (ad esempio, estrogeni, testosterone) possono talvolta influenzare la funzione sessuale e potenzialmente causare sintomi di eccitazione genitale.
   - I test di laboratorio e le valutazioni da parte di un endocrinologo possono aiutare a escludere queste condizioni di base.

6. **Patologie vascolari o circolatorie:**
   - Condizioni come la sindrome da congestione pelvica o anomalie vascolari possono portare ad un aumento del flusso sanguigno pelvico e all'ingorgo genitale, imitando potenzialmente i sintomi della PGAD.
   - Per la diagnosi differenziale possono essere necessari studi di imaging e valutazioni da parte di specialisti vascolari.

7. Effetti collaterali dei farmaci:

- Alcuni farmaci, come gli antidepressivi, i farmaci dopaminergici o le terapie ormonali, possono talvolta causare un'eccitazione genitale persistente come effetto collaterale.
- È essenziale una revisione approfondita della storia farmacologica dell'individuo e delle potenziali interazioni farmacologiche.

La PGAD a volte può coesistere o essere esacerbata da altre condizioni, come dolore pelvico, disturbi psicologici o problemi neuropatici. In questi casi, può essere necessario un approccio multidisciplinare che coinvolga vari specialisti medici e professionisti della salute mentale per affrontare le condizioni di base e gestire efficacemente i sintomi della PGAD.

Capitolo 4

Gestione Farmacologica

Farmaci e Meccanismi D'azione

La gestione farmacologica può essere cruciale nel trattamento del disturbo dell'eccitazione genitale persistente (PGAD). Sebbene non esista un singolo farmaco specificamente approvato per la PGAD, sono stati esplorati e utilizzati off-label diversi farmaci mirati a diversi meccanismi d'azione per alleviare i sintomi.

La scelta del farmaco dipende dalla presentazione dell'individuo, dai fattori sottostanti e dai potenziali effetti collaterali. Ecco alcuni farmaci comunemente usati e i loro meccanismi d'azione nella gestione del PGAD:

1. **Antidepressivi:**
   - **Inibitori selettivi della ricaptazione della serotonina (SSRI) e inibitori della ricaptazione della**

serotonina-norepinefrina (SNRI): Questi farmaci, come fluoxetina, paroxetina e venlafaxina, possono aiutare a regolare i livelli di serotonina e norepinefrina nel cervello, che svolgono un ruolo nella modulazione dell'eccitazione sessuale e dei percorsi di inibizione.

- **Meccanismo di azione:**Aumentando i livelli di serotonina, gli SSRI e gli SNRI possono aiutare a ridurre le sensazioni di eccitazione genitale e migliorare la gestione generale dei sintomi.

2. Farmaci antiepilettici:

- Farmaci come gabapentin e pregabalin sono stati utilizzati nella gestione della PGAD a causa del loro potenziale ruolo nella modulazione dell'eccitabilità neuronale e nell'inibizione delle vie del dolore neuropatico.

- **Meccanismo di azione:** Questi farmaci possono aiutare a ridurre l'ipersensibilità e l'elaborazione sensoriale anormale, che possono contribuire a sensazioni persistenti di eccitazione genitale.

3. Agonisti alfa-adrenergici:

- La clonidina, un agonista alfa-2 adrenergico, è stata esplorata come opzione terapeutica per la PGAD grazie alla sua capacità di modulare l'attività del sistema nervoso simpatico e di ridurre il flusso sanguigno pelvico.

- **Meccanismo di azione:** Riducendo il flusso sanguigno pelvico e l'ingorgo genitale, la clonidina può aiutare ad alleviare i sintomi di eccitazione persistente in alcuni individui.

4. Terapie ormonali:

- Nei casi in cui si sospetta che squilibri o fluttuazioni ormonali contribuiscano ai sintomi della PGAD, si può prendere in considerazione la terapia ormonale sostitutiva (HRT) o i contraccettivi ormonali per aiutare a regolare i livelli ormonali.

- **Meccanismo di azione:** Il ripristino dell'equilibrio ormonale, in particolare dei livelli di estrogeni e progesterone, può aiutare a modulare i percorsi di eccitazione sessuale e potenzialmente ad alleviare i sintomi della PGAD.

5. Anestetici topici:

- In alcuni casi sono state utilizzate lidocaina topica o altre creme anestetiche per fornire un sollievo temporaneo intorpidendo l'area genitale e riducendo l'ipersensibilità.

- **Meccanismo di azione:** Questi agenti topici possono aiutare a bloccare la trasmissione nervosa sensoriale e ridurre la percezione di sensazioni di eccitazione persistenti.

L'efficacia di questi farmaci può variare da individuo a individuo e non tutti gli individui affetti da PGAD possono rispondere favorevolmente al solo trattamento farmacologico. In molti casi, per una gestione ottimale dei sintomi, può essere necessaria una combinazione di interventi farmacologici e non farmacologici, come la terapia psicologica, la terapia fisica del pavimento pelvico o le modifiche dello stile di vita.

Un attento monitoraggio da parte di un operatore sanitario è essenziale quando si utilizzano farmaci per PGAD, poiché potrebbe essere necessario aggiustare i dosaggi e i potenziali effetti collaterali devono essere attentamente monitorati e gestiti. È necessaria una ricerca continua per esplorare trattamenti farmacologici nuovi e più mirati per la PGAD basati su una migliore comprensione dei suoi meccanismi sottostanti.

Trattamenti On-Label e Off-Label

Il trattamento del disturbo dell'eccitazione genitale persistente (PGAD) spesso comporta l'uso di farmaci sia on-label che off-label, poiché attualmente non esistono farmaci specificatamente approvati dalle agenzie di regolamentazione per la gestione di questa condizione. Gli operatori sanitari possono prescrivere farmaci in base ai loro potenziali meccanismi d'azione e all'esperienza clinica, anche se l'indicazione specifica per PGAD non è elencata sull'etichetta del farmaco.

Trattamenti in etichetta:

Attualmente non esistono farmaci con un'indicazione in etichetta specifica per il trattamento della PGAD. Tuttavia, alcuni farmaci possono essere prescritti per le indicazioni approvate che possono aiutare a gestire alcuni aspetti dei sintomi della PGAD.

1. **Antidepressivi:** Alcuni antidepressivi, come gli inibitori selettivi della ricaptazione della

serotonina (SSRI) e gli inibitori della ricaptazione della serotonina-norepinefrina (SNRI), possono essere prescritti per le indicazioni approvate di depressione, ansia o disturbo ossessivo-compulsivo (DOC). Questi farmaci possono anche aiutare a modulare i percorsi di eccitazione sessuale e potenzialmente ad alleviare i sintomi della PGAD.

2. **Farmaci antiepilettici:** Farmaci come gabapentin e pregabalin, approvati per il trattamento del dolore neuropatico o dell'epilessia, possono essere utilizzati in etichetta per le indicazioni approvate se si sospetta che PGAD abbia una componente neuropatica o se gli individui avvertono dolore neuropatico associato.

3. **Anestetici topici:**La lidocaina topica o altre creme anestetiche possono essere utilizzate in etichetta per le indicazioni approvate di fornire un sollievo temporaneo da vari tipi di dolore o disagio, inclusa l'ipersensibilità genitale associata al PGAD.

Trattamenti off-label:

Senza farmaci approvati specifici per PGAD, gli operatori sanitari possono prendere in considerazione l'uso off-label di vari farmaci in base ai loro potenziali meccanismi d'azione e all'esperienza clinica.

1. **Antidepressivi:** Gli SSRI e gli SNRI possono essere prescritti off-label per il PGAD, anche se l'individuo non ha una diagnosi formale di depressione, ansia o disturbo ossessivo compulsivo, a causa della loro potenziale capacità di modulare i percorsi di eccitazione sessuale.

2. **Agonisti alfa-adrenergici:** Farmaci come la clonidina, approvati per il trattamento dell'ipertensione, possono essere utilizzati off-label per la PGAD a causa della loro potenziale capacità di ridurre il flusso sanguigno pelvico e l'ingorgo genitale.

3. **Terapie ormonali:** La terapia ormonale sostitutiva (HRT) o i contraccettivi ormonali possono essere prescritti off-label per la PGAD se si sospetta che squilibri o fluttuazioni ormonali contribuiscano ai sintomi.

È importante notare che l'uso off-label dei farmaci comporta rischi potenziali e deve essere attentamente considerato dagli operatori sanitari in consultazione con il paziente. Un adeguato consenso informato, il monitoraggio degli effetti avversi e la considerazione delle circostanze individuali sono essenziali quando si utilizzano farmaci off-label.

Inoltre, sono necessarie ricerche in corso e studi clinici per esplorare e valutare la sicurezza e l'efficacia dei trattamenti sia on-label che off-label per la PGAD, con l'obiettivo finale di sviluppare farmaci specifici e approvati per questa condizione.

Valutazione dei Rischi e dei Benefici

Quando si considera la gestione farmacologica del disturbo dell'eccitazione genitale persistente (PGAD), è fondamentale valutare attentamente i potenziali rischi e benefici dei farmaci proposti. La PGAD può avere un impatto significativo sulla qualità della vita di un individuo e trovare un'opzione terapeutica efficace è spesso una priorità.

Tuttavia, è essenziale bilanciare i potenziali benefici del sollievo dai sintomi con i potenziali rischi e gli effetti collaterali associati ai farmaci. Ecco alcuni fattori chiave da considerare quando si valutano rischi e benefici:

1. **La gravità dei sintomi e l'impatto sulla qualità della vita:**
   - È fondamentale valutare la gravità dei sintomi della PGAD e il loro impatto sul funzionamento quotidiano, sulla salute mentale e sul benessere generale dell'individuo.
   - Supponiamo che i sintomi siano gravemente debilitanti e influenzino in modo significativo la qualità della vita dell'individuo. In tal caso, i potenziali benefici del trattamento farmacologico possono superare i rischi, soprattutto se gli interventi non farmacologici si sono rivelati inefficaci.

2. **Potenziali effetti collaterali e reazioni avverse:**
   - Ogni farmaco ha potenziali effetti collaterali che vanno da lievi a gravi.
   - È essenziale rivedere attentamente i profili degli effetti collaterali noti dei farmaci proposti e valutare i fattori di

rischio e l'anamnesi medica dell'individuo.

- È necessario prendere in considerazione il potenziale impatto degli effetti collaterali sulla vita quotidiana, sul lavoro e sul benessere generale dell'individuo.

3. **Controindicazioni e interazioni farmacologiche:**

- Gli individui con determinate condizioni mediche, allergie o altri farmaci possono avere controindicazioni o potenziali interazioni farmacologiche che aumentano i rischi associati a trattamenti farmacologici specifici per PGAD.
- Per ridurre al minimo i rischi, è necessaria una revisione approfondita della storia medica dell'individuo, dei farmaci attuali e delle potenziali interazioni.

4. **Età e considerazioni sulla riproduzione:**
   - Per gli individui in età fertile, i rischi potenziali di alcuni farmaci per la fertilità, la gravidanza e lo sviluppo fetale devono essere attentamente valutati.
   - Negli anziani dovrebbe essere presa in considerazione la possibilità di una maggiore sensibilità ai farmaci, di alterazioni del metabolismo e di interazioni farmacologiche.

5. **Disponibilità di trattamenti alternativi:**
   - Supponiamo che i trattamenti non farmacologici, come la terapia psicologica, la terapia fisica del pavimento pelvico o le modifiche dello stile di vita, debbano ancora essere completamente esplorati o siano stati inefficaci. In tal caso, i potenziali benefici del trattamento farmacologico potrebbero essere più favorevoli.
   - Tuttavia, se i trattamenti alternativi si rivelano promettenti, i rischi associati

ai farmaci potrebbero superare i benefici.

6. Preferenze e valori individuali:

- ○ È essenziale coinvolgere l'individuo in un processo decisionale condiviso e considerare le sue preferenze, valori e obiettivi personali.
- ○ Alcuni individui potrebbero essere più avversi al rischio, mentre altri potrebbero essere disposti ad accettare potenziali effetti collaterali in cambio del sollievo dei sintomi.

In definitiva, la decisione di iniziare un trattamento farmacologico per la PGAD dovrebbe essere presa in collaborazione con un operatore sanitario, valutando i potenziali rischi e benefici in base alle circostanze uniche dell'individuo, all'anamnesi medica e alle preferenze personali. Potrebbero essere necessari un monitoraggio regolare, un follow-up e un aggiustamento dei piani di trattamento per garantire una gestione ottimale dei sintomi riducendo al minimo i rischi potenziali.

Capitolo 5

Interventi Psicologici e Comportamentali

Terapia Comportamentale Cognitiva

La terapia cognitivo-comportamentale (CBT) è un intervento psicologico consolidato ed efficace che può svolgere un ruolo cruciale nella gestione del disturbo dell'eccitazione genitale persistente (PGAD). La CBT mira ad affrontare i modelli cognitivi e comportamentali che contribuiscono e perpetuano il disagio associato al PGAD. Ecco come la CBT può essere applicata nel contesto del PGAD:

1. **Psicoeducazione:**
   - La CBT inizia con la fornitura di psicoeducazione per aiutare le persone a comprendere la PGAD, le sue potenziali cause e il modello cognitivo-comportamentale alla base dell'intervento.

- Questa conoscenza può aiutare a ridurre i sentimenti di isolamento, vergogna e stigmatizzazione associati alla condizione e consentire alle persone di partecipare attivamente al trattamento.

2. Ristrutturazione cognitiva:

- La CBT si concentra sull'identificazione e sulla sfida dei pensieri, delle convinzioni e delle distorsioni cognitive disadattive legate ai sintomi della PGAD.
- Questi possono includere pensieri catastrofici, paura di conseguenze negative o convinzione che i sintomi siano incontrollabili o permanenti.
- Le tecniche di ristrutturazione cognitiva aiutano le persone a sostituire i pensieri irrazionali o inutili con prospettive più realistiche e adattive.

3. Gestione dello stress e dell'ansia:

- La PGAD può essere esacerbata dallo stress, dall'ansia e dall'ipervigilanza verso i sintomi.

- La CBT incorpora varie tecniche, come allenamenti di rilassamento, esercizi di consapevolezza e strategie cognitive, per aiutare le persone a gestire lo stress e l'ansia in modo più efficace.

4. **Formazione attentiva:**
   - La CBT può aiutare le persone a spostare la loro attenzione dalle sensazioni di eccitazione persistenti e reindirizzare la loro attenzione verso attività più adattive e divertenti.
   - Tecniche come la distrazione dell'attenzione, pratiche di consapevolezza ed esercizi di esposizione possono essere impiegate per ridurre la preoccupazione per i sintomi della PGAD.

5. **Strategie comportamentali:**
   - La CBT incorpora strategie comportamentali per affrontare comportamenti di evitamento, controllo compulsivo o comportamenti di sicurezza che possono inavvertitamente rafforzare il disagio associato al PGAD.

- ○ Esercizi di esposizione graduale ed esperimenti comportamentali possono aiutare le persone ad affrontare le proprie paure e a sviluppare strategie di coping più adattive.

6. Consulenza sull'intimità e sulla relazione:

- ○ Il PGAD può avere un impatto significativo sulle relazioni intime e sul funzionamento sessuale.

- ○ La CBT può affrontare i problemi legati all'intimità e alle relazioni migliorando la comunicazione, affrontando le cognizioni negative e promuovendo atteggiamenti e comportamenti sessuali sani.

7. Prevenzione delle ricadute:

- ○ La CBT si concentra anche sulla prevenzione delle ricadute fornendo agli individui strategie per mantenere i risultati ottenuti durante la terapia e gestire efficacemente potenziali battute d'arresto o riacutizzazioni dei sintomi.

La CBT viene spesso erogata da professionisti qualificati della salute mentale, come psicologi o terapisti, e può essere condotta individualmente o in contesti di gruppo. La durata e l'intensità della CBT possono variare a seconda delle esigenze dell'individuo e della risposta al trattamento. In alcuni casi, la CBT può essere combinata con interventi farmacologici o altre terapie complementari per un approccio globale alla gestione del PGAD.

Approcci Basati sulla Consapevolezza e Sull'accettazione

Gli approcci basati sulla consapevolezza e sull'accettazione possono essere preziosi interventi complementari nella gestione del disturbo dell'eccitazione genitale persistente (PGAD). Questi approcci mirano a coltivare una consapevolezza non giudicante, focalizzata sul presente e l'accettazione delle esperienze interne, comprese le sensazioni di eccitazione persistenti associate al PGAD.

Ecco come gli approcci basati sulla consapevolezza e sull'accettazione possono essere incorporati nel trattamento del PGAD:

1. **Interventi basati sulla consapevolezza:**

   - Gli interventi basati sulla consapevolezza, come la riduzione dello stress basata sulla consapevolezza (MBSR) o la terapia cognitiva basata sulla consapevolezza (MBCT), possono aiutare le persone a sviluppare un atteggiamento più accettante e non reattivo nei confronti dei sintomi PGAD.

   - Attraverso pratiche di consapevolezza come scansioni del corpo, consapevolezza del respiro e meditazione, le persone imparano a osservare i propri pensieri, emozioni e sensazioni fisiche con curiosità e senza giudizio.

   - Ciò può ridurre la tendenza a evitare o controllare strategie che potrebbero inavvertitamente esacerbare il disagio.

2. **Terapia di accettazione e impegno (ACT):**

   - L'ACT è una forma di terapia basata sull'accettazione che incoraggia le persone ad abbracciare le proprie esperienze interne, compresi i sintomi PGAD, senza tentare di controllarli o eliminarli.

- ○ ACT si concentra sullo sviluppo della flessibilità psicologica, che implica essere presenti e aperti alle esperienze interne mentre si perseguono azioni basate sui valori.
- ○ Tecniche come la defusione cognitiva, esercizi di accettazione e chiarificazione dei valori possono aiutare le persone a districarsi dalla lotta contro i sintomi della PGAD e impegnarsi in attività di vita significative nonostante la presenza dei sintomi.

3. Terapia dialettica comportamentale (DBT):

- ○ La DBT incorpora pratiche di consapevolezza e strategie di accettazione per aiutare le persone a regolare le emozioni intense e ad affrontare le esperienze angoscianti, comprese quelle legate al PGAD.

- Le abilità DBT come la consapevolezza, la tolleranza al disagio, la regolazione delle emozioni e l'efficacia interpersonale possono essere adattate per affrontare le sfide poste dai sintomi PGAD.

4. **Autocompassione consapevole:**
   - Gli individui affetti da PGAD possono provare sentimenti di vergogna, imbarazzo o autocritica, che possono esacerbare il loro disagio.
   - Le pratiche consapevoli di auto-compassione possono aiutare a coltivare un atteggiamento gentile, comprensivo e non giudicante verso se stessi e le proprie esperienze, compresi i sintomi PGAD.

5. **Consapevolezza corporea ed esposizione interocettiva:**
   - Le pratiche di consapevolezza che promuovono la consapevolezza corporea e l'esposizione interocettiva possono aiutare le persone a diventare più in sintonia con le loro sensazioni

corporee interne, comprese quelle associate al PGAD.

- Coltivando un atteggiamento non giudicante e di accettazione nei confronti di queste sensazioni, gli individui possono sperimentare una riduzione dell'ansia e della preoccupazione per i sintomi della PGAD.

Gli approcci basati sulla consapevolezza e sull'accettazione sono spesso utilizzati con altri interventi, come la terapia cognitivo-comportamentale (CBT), la gestione dei farmaci o la terapia fisica del pavimento pelvico.

Tecniche di Terapia Sessuale

Le tecniche di terapia sessuale possono svolgere un ruolo prezioso nell'affrontare gli aspetti intimi e relazionali del Disturbo Persistente dell'Arousal Genitale (PGAD). Il PGAD può avere un impatto significativo sulla funzione sessuale, sull'intimità e sulle relazioni di un individuo, portando a angoscia, evitamento e sfide interpersonali. Le tecniche di terapia sessuale mirano ad affrontare questi problemi e a promuovere atteggiamenti, comportamenti e intimità sessuali sani. Ecco alcune tecniche di terapia sessuale comunemente impiegate nel contesto del PGAD:

1. **Esercizi di focalizzazione sensoriale:**
   - Gli esercizi di focalizzazione sensoriale sono una serie strutturata di esercizi di esplorazione toccante e sensuale progettati per ridurre l'ansia da prestazione e promuovere una consapevolezza del momento presente senza giudizio.
   - Questi esercizi possono aiutare le persone con PGAD a riconnettersi con il proprio corpo, ridurre l'ipervigilanza verso le sensazioni genitali e promuovere l'intimità e la comunicazione con i propri partner.

2. **Ristrutturazione cognitiva per credenze e atteggiamenti sessuali:**
   - La terapia sessuale incorpora tecniche cognitive per identificare e sfidare pensieri, credenze e atteggiamenti disadattivi riguardanti la sessualità, l'intimità e i sintomi PGAD.

- Ciò può comportare la necessità di affrontare sentimenti di vergogna, senso di colpa o un'immagine corporea negativa, nonché aspettative non realistiche o ansia da prestazione legate alla funzione sessuale.

3. **Formazione sulle abilità di comunicazione e intimità:**
   - La terapia sessuale spesso include la formazione su capacità di comunicazione efficace, risoluzione dei conflitti e tecniche di costruzione dell'intimità.
   - Ciò può aiutare le coppie ad affrontare le sfide poste dal PGAD, migliorare la vicinanza emotiva e favorire una relazione intima più appagante e soddisfacente.

4. **Consulenza e terapia relazionale di coppia:**
   - Per gli individui impegnati in relazioni, la consulenza di coppia o la terapia relazionale possono affrontare le dinamiche interpersonali, i copioni sessuali e i problemi relazionali che

possono essere influenzati o contribuire ai sintomi della PGAD.

- Ciò può comportare l'esplorazione delle prospettive, dei bisogni e delle preoccupazioni di ciascun partner e lo sviluppo di strategie di comprensione e supporto reciproci.

5. **Consapevolezza e concentrazione sul momento presente durante l'intimità:**
   - L'integrazione delle pratiche di consapevolezza nella terapia sessuale può aiutare le persone con PGAD a coltivare una consapevolezza non giudicante e focalizzata sul presente durante le attività intime.
   - Ciò può ridurre la preoccupazione per i sintomi della PGAD, l'ansia da prestazione e l'autovalutazione negativa, promuovendo un'esperienza sessuale più appagante e piacevole.

6. **Tecniche di consapevolezza e rilassamento dei muscoli del pavimento pelvico:**
   - La terapia sessuale può incorporare tecniche per aumentare la

consapevolezza e il controllo sui muscoli del pavimento pelvico, che possono svolgere un ruolo nell'eccitazione genitale e nella funzione sessuale.

- ○ Esercizi di rilassamento, biofeedback e tecniche di controllo muscolare del pavimento pelvico possono essere integrati nella terapia sessuale per promuovere una funzione più adattiva del pavimento pelvico e ridurre l'ipersensibilità genitale associata al PGAD.

La terapia sessuale è generalmente fornita da terapisti, consulenti o terapisti sessuali autorizzati e formati specializzati nell'affrontare problemi di salute sessuale. A seconda delle circostanze e delle esigenze individuali, può essere erogato individualmente o come parte della terapia di coppia.

Capitolo 6

Altre Modalità di Trattamento

Metodi di Neurostimolazione

I metodi di neurostimolazione sono emersi come potenziali opzioni terapeutiche per gli individui con disturbo dell'eccitazione genitale persistente (PGAD) che non rispondono adeguatamente ai trattamenti più convenzionali. Questi metodi prevedono l'uso della stimolazione elettrica o magnetica per modulare l'attività di specifiche regioni cerebrali o percorsi neurali implicati nella regolazione dell'eccitazione e dell'inibizione sessuale.

Sebbene siano ancora considerati sperimentali e richiedano ulteriori ricerche, gli approcci di neurostimolazione possono offrire strade alternative per la gestione dei sintomi PGAD in alcuni casi. Ecco alcuni metodi di neurostimolazione che sono stati esplorati o proposti per il trattamento del PGAD:

1. **Stimolazione magnetica transcranica (TMS):**
   - La TMS è una tecnica non invasiva che utilizza campi magnetici per stimolare specifiche regioni del cervello.
   - Nel contesto della PGAD, la TMS è stata studiata per modulare l'attività delle aree cerebrali coinvolte nell'eccitazione e nell'inibizione sessuale, come la corteccia prefrontale e l'ipotalamo.
   - I protocolli TMS ripetitivi (rTMS) possono eccitare o inibire l'attività neurale in queste regioni, riducendo potenzialmente l'eccitazione persistente.

2. **Stimolazione transcranica a corrente continua (tDCS):**
   - La tDCS è un altro metodo non invasivo che applica correnti elettriche dirette a bassa intensità al cuoio capelluto, modulando l'eccitabilità delle regioni cerebrali sottostanti.
   - Similmente alla TMS, la tDCS è stata esplorata come potenziale mezzo per

modulare l'attività delle aree cerebrali implicate nell'eccitazione e nell'inibizione sessuale negli individui con PGAD.

3. **Stimolazione cerebrale profonda (DBS):**
   - La DBS è una tecnica di neurostimolazione invasiva che prevede l'impianto di elettrodi direttamente in specifiche regioni del cervello o percorsi neurali.
   - Sebbene non sia stata ancora esplorata specificamente per la PGAD, la DBS è stata utilizzata per trattare altre condizioni che comportano la disregolazione dei circuiti neurali, come il morbo di Parkinson e il disturbo ossessivo-compulsivo.
   - Teoricamente, la DBS potrebbe essere applicata per modulare l'attività delle regioni cerebrali o dei percorsi coinvolti nell'eccitazione e nell'inibizione sessuale, fornendo potenzialmente sollievo agli individui con PGAD refrattario.

4. Stimolazione del midollo spinale (SCS):

- La SCS prevede l'impianto di elettrodi lungo il midollo spinale per fornire stimolazione elettrica a specifici segmenti del midollo spinale o radici nervose.
- Questo approccio è stato utilizzato per gestire le condizioni di dolore cronico. Può offrire potenziali benefici per le persone con PGAD, in particolare se una componente neuropatica o il coinvolgimento del midollo spinale contribuiscono alle sensazioni di eccitazione persistenti.

Sebbene i metodi di neurostimolazione siano promettenti come potenziali modalità di trattamento per la PGAD, è essenziale notare che il loro utilizzo in questo contesto è ancora in fase esplorativa e richiede ulteriori ricerche rigorose. Queste tecniche devono essere considerate sperimentali e perseguite solo sotto la guida di operatori sanitari qualificati con esperienza in neurostimolazione e supervisione adeguata.

Approcci Complementari e Integrativi

Approcci complementari e integrativi possono essere preziosi complementi ai trattamenti medici e psicologici convenzionali per il disturbo dell'eccitazione genitale persistente (PGAD). Questi approcci mirano a promuovere il benessere generale, ad affrontare gli aspetti multidimensionali del PGAD e a fornire ulteriori strategie di coping. Ecco alcuni approcci complementari e integrativi che possono essere considerati nella gestione del PGAD:

1. **Pratiche mente-corpo:**
   - Le pratiche mente-corpo, come lo yoga, il tai chi e il qigong, possono aiutare le persone con PGAD a coltivare la consapevolezza, ridurre lo stress e l'ansia e promuovere il rilassamento.
   - Queste pratiche spesso incorporano esercizi di respirazione, movimenti delicati e tecniche di meditazione, che possono aiutare a gestire gli impatti psicologici ed emotivi del PGAD.

2. **Agopuntura:**
   - L'agopuntura, una componente della medicina tradizionale cinese, prevede

l'inserimento di aghi sottili in specifici punti del corpo.

- ○ Sebbene le prove della sua efficacia nel PGAD siano limitate, l'agopuntura può aiutare a modulare la percezione del dolore, ridurre lo stress e l'ansia e promuovere un senso di benessere.

3. **Integratori erboristici e nutrizionali:**
   - ○ Alcuni integratori a base di erbe, come l'agnocasto (Vitex agnus-castus), sono stati esplorati per i loro potenziali effetti sull'equilibrio ormonale e sulla funzione sessuale, che possono essere rilevanti in alcuni casi di PGAD.
   - ○ Tuttavia, è fondamentale consultare gli operatori sanitari e prestare attenzione quando si considerano integratori a base di erbe o nutrizionali, poiché potrebbero interagire con i farmaci o avere potenziali effetti collaterali.

4. **Modifiche dello stile di vita:**
   - ○ L'adozione di uno stile di vita sano, che includa esercizio fisico regolare, tecniche di gestione dello stress e una dieta equilibrata, può contribuire al

benessere generale e potenzialmente alleviare alcuni degli impatti fisici e psicologici della PGAD.

- o Anche un sonno adeguato, un'idratazione adeguata e l'evitare potenziali fattori scatenanti (ad esempio alcuni farmaci e sostanze) possono essere utili.

5. **Gruppi di sostegno e supporto tra pari:**
   - o Connettersi con altri che hanno esperienze simili può fornire un senso di comunità, convalida e comprensione condivisa.
   - o Gruppi di supporto o forum online possono offrire uno spazio sicuro alle persone con PGAD per scambiare informazioni, strategie di coping e supporto emotivo.

Gli approcci complementari e integrativi non dovrebbero essere visti come un sostituto dei trattamenti medici e psicologici convenzionali ma come potenziali complementi a un piano di gestione completo e personalizzato per la PGAD.

Stile di Vita e Strategie di Autogestione

Le modifiche dello stile di vita e le strategie di autogestione possono essere cruciali nella gestione completa del disturbo dell'eccitazione genitale persistente (PGAD). Sebbene non sostituiscano gli interventi medici e psicologici, queste strategie possono aiutare le persone ad affrontare i sintomi della PGAD, ridurre i fattori esacerbanti e promuovere il benessere generale.

Ecco alcune strategie di stile di vita e di autogestione che possono essere utili per le persone con PGAD:

1. **Tecniche di gestione dello stress:**
   - Lo stress e l'ansia possono esacerbare i sintomi della PGAD, quindi è essenziale incorporare tecniche di gestione dello stress nella vita quotidiana.
   - Esercizi di respirazione profonda, rilassamento muscolare progressivo, meditazione consapevole e yoga possono aiutare a ridurre i livelli di stress e promuovere un senso di calma.

2. **Esercizio e attività fisica:**
   - L'attività fisica regolare può aiutare ad alleviare lo stress, migliorare l'umore e promuovere il benessere fisico e mentale generale.
   - Esercizi a basso impatto come camminare, nuotare o fare stretching leggero possono essere particolarmente utili per le persone con PGAD, poiché possono ridurre la tensione pelvica e favorire il rilassamento.

3. **Igiene del sonno e riposo:**
   - Un sonno e un riposo adeguati sono cruciali per il benessere fisico ed emotivo e la mancanza di sonno può esacerbare i sintomi della PGAD.
   - Stabilire una routine del sonno coerente, creare un ambiente favorevole al sonno e praticare buone abitudini igieniche del sonno possono migliorare la qualità del sonno.

4. **Modifiche dietetiche:**
   - Alcuni cambiamenti nella dieta possono aiutare a gestire i sintomi

della PGAD o le condizioni sottostanti che contribuiscono al disturbo.

- Ad esempio, evitare cibi o sostanze potenzialmente scatenanti (ad esempio caffeina, alcol) e mantenere una dieta equilibrata e ricca di nutrienti può promuovere la salute e il benessere generale.

5. **Consapevolezza e rilassamento dei muscoli del pavimento pelvico:**
   - Imparare a identificare e rilassare i muscoli del pavimento pelvico può aiutare a ridurre la tensione pelvica e l'ipersensibilità genitale associata al PGAD.
   - Possono essere utili esercizi per i muscoli del pavimento pelvico, come Kegel o tecniche di rilassamento assistito da biofeedback.

6. **Identificazione ed evitamento dei trigger:**
   - Identificare potenziali fattori scatenanti che esacerbano i sintomi della PGAD, come alcuni farmaci, indumenti o attività, e adottare misure

per evitare o ridurre al minimo l'esposizione a questi fattori scatenanti può aiutare a gestire le riacutizzazioni dei sintomi.

7. Sistemi di supporto e cura di sé:

- ○ Costruire un forte sistema di supporto formato da familiari, amici o gruppi di supporto può fornire supporto emotivo e senso di comunità alle persone con PGAD.

- ○ Impegnarsi in attività di cura di sé, come tecniche di rilassamento, attività creative o attività ricreative, può promuovere il benessere generale e aiutare ad affrontare le sfide della convivenza con PGAD.

Le strategie di stile di vita e di autogestione dovrebbero essere adattate alle esigenze e alle circostanze specifiche dell'individuo e discusse con gli operatori sanitari come parte di un piano di trattamento completo.

Capitolo 7

Pianificazione del Trattamento Multidisciplinare

Costruire il Team di Trattamento

Costruire un team di trattamento completo e multidisciplinare è fondamentale per gestire efficacemente il disturbo dell'eccitazione genitale persistente (PGAD). Data la natura complessa del PGAD e il suo potenziale impatto su vari aspetti della vita di un individuo, è spesso necessario un approccio collaborativo che coinvolga professionisti di diverse discipline. Ecco alcune considerazioni chiave quando si crea il team di trattamento per PGAD:

1. **Medico di base o ginecologo/urologo:**
   - Un fornitore di cure primarie, un ginecologo (per le donne) o un urologo (per gli uomini) è in genere il primo

punto di contatto per le persone con sintomi PGAD.

○ Possono condurre valutazioni iniziali, escludere altre potenziali condizioni mediche sottostanti e coordinare i riferimenti agli specialisti secondo necessità.

2. Neurologo o specialista nella gestione del dolore:

○ Se si sospetta che la PGAD abbia una componente neuropatica o se esiste un potenziale coinvolgimento dei nervi che contribuisce ai sintomi, può essere utile la consultazione con un neurologo o uno specialista nella gestione del dolore.

○ Possono valutare potenziali fattori neurologici, raccomandare test diagnostici appropriati e guidare le opzioni di trattamento mirate ai meccanismi neuropatici.

3. Professionista della salute mentale (psicologo, terapista, consulente):

○ Dato l'impatto psicologico ed emotivo del PGAD, la collaborazione con un professionista della salute mentale è essenziale.

- o Psicologi, terapisti o consulenti con esperienza in salute sessuale e condizioni di dolore cronico possono fornire interventi psicologici, come la terapia cognitivo-comportamentale (CBT), approcci basati sulla consapevolezza e tecniche di terapia sessuale.

4. Fisioterapista del pavimento pelvico:

- o I fisioterapisti del pavimento pelvico possono valutare e trattare la disfunzione muscolare del pavimento pelvico, che può contribuire o esacerbare i sintomi della PGAD.
- o Possono fornire informazioni sulla consapevolezza dei muscoli del pavimento pelvico, tecniche di rilassamento ed esercizi mirati per migliorare la funzione del pavimento pelvico e ridurre l'ipersensibilità genitale.

5. **Endocrinologo o specialista in ormoni:**
   - Se si sospetta che squilibri o fluttuazioni ormonali contribuiscano ai sintomi della PGAD, può essere giustificata la consultazione con un endocrinologo o uno specialista in ormoni.
   - Possono valutare i livelli ormonali, raccomandare terapie o trattamenti ormonali appropriati e monitorare potenziali fattori ormonali che influenzano la PGAD.

6. **Specialista in medicina integrativa o fornitore di terapie complementari:**
   - Per le persone interessate ad esplorare approcci complementari e integrativi, la collaborazione con un professionista qualificato in questi campi può fornire indicazioni su terapie complementari sicure ed efficaci per supportare la gestione della PGAD.
   - Ciò può includere pratiche mente-corpo, agopuntura, integratori erboristici o nutrizionali e modifiche dello stile di vita.

7. Gruppi di sostegno tra pari o organizzazioni di difesa dei pazienti:

- Il collegamento con gruppi di supporto tra pari o organizzazioni di difesa dei pazienti può fornire un senso di comunità, convalida ed esperienze condivise per le persone con PGAD.
- Questi gruppi possono offrire risorse preziose, materiale didattico e supporto emotivo, integrando l'assistenza clinica fornita dal team di trattamento.

Una comunicazione e un coordinamento efficaci tra i membri del team di trattamento multidisciplinare sono essenziali per sviluppare un piano di gestione individualizzato e completo su misura per le esigenze e gli obiettivi specifici di ogni persona con PGAD. Riunioni regolari del team, condivisione delle informazioni e processo decisionale collaborativo possono garantire un approccio coeso e integrato al trattamento della PGAD.

Modelli Decisionali sul Trattamento

Quando si gestisce una condizione complessa come il disturbo dell'eccitazione genitale persistente

(PGAD), un modello decisionale strutturato può facilitare la pianificazione collaborativa del trattamento e dare priorità alle preferenze e ai valori dell'individuo. Diversi modelli decisionali possono essere applicati nel contesto del PGAD, tra cui:

1. **Modello Decisionale Condiviso:**
   - Il modello decisionale condiviso enfatizza il coinvolgimento attivo dell'individuo accanto agli operatori sanitari nel processo decisionale sul trattamento.
   - Implica la comunicazione aperta, lo scambio di informazioni e la considerazione dei valori, delle preferenze, degli obiettivi dell'individuo, dell'esperienza del team sanitario e delle raccomandazioni basate sull'evidenza.
   - Questo modello promuove una partnership collaborativa, consentendo all'individuo di fare scelte informate sulle proprie opzioni di trattamento.

2. **Modello di cura centrato sul paziente:**
   - Il modello di cura centrato sul paziente pone l'individuo al centro del processo

di pianificazione del trattamento, garantendo che i suoi bisogni, valori e preferenze siano al centro dell'attenzione.

- Implica il coinvolgimento attivo dell'individuo, il rispetto della sua autonomia e l'adattamento del piano di trattamento alle circostanze e agli obiettivi specifici.
- Questo modello riconosce l'individuo come partner alla pari nel processo decisionale e mira a costruire una forte alleanza terapeutica.

3. **Modello di pratica basata sull'evidenza:**
   - Il modello di pratica basata sull'evidenza integra le migliori prove di ricerca disponibili con l'esperienza clinica e i valori e le preferenze dell'individuo.
   - Implica la valutazione critica e l'applicazione di prove scientifiche rilevanti, considerando le circostanze uniche dell'individuo e incorporando le sue prospettive nel processo decisionale.

- Questo modello garantisce che le decisioni terapeutiche siano basate su prove empiriche pur rimanendo personalizzate e allineate con gli obiettivi dell'individuo.

4. **Modello di cura a gradini:**
   - Il modello di cura a fasi prevede un approccio gerarchico, iniziando con le opzioni terapeutiche meno intensive e meno invasive per poi passare gradualmente a interventi più intensivi basati sulla risposta dell'individuo e sulla valutazione continua.
   - Questo modello consente un approccio flessibile e su misura, riducendo al minimo i potenziali rischi e gli effetti collaterali e ottimizzando l'efficacia del trattamento.
   - Può essere particolarmente utile nella gestione della PGAD, dove può essere necessaria una combinazione di interventi e potrebbe essere necessario adattare i piani di trattamento in base alla risposta dell'individuo.

Indipendentemente dal modello adottato, un processo decisionale efficace sul trattamento del PGAD dovrebbe dare priorità alla comunicazione aperta, alla definizione degli obiettivi collaborativi e al monitoraggio e alla valutazione continui. Potrebbero essere necessari una rivalutazione regolare e un aggiustamento del piano di trattamento man mano che le esigenze e le circostanze dell'individuo evolvono.

Coordinare L'assistenza tra le Discipline

Il coordinamento delle cure tra più discipline è fondamentale per gestire efficacemente il disturbo dell'eccitazione genitale persistente (PGAD) a causa della natura complessa e sfaccettata della condizione. Il PGAD può avere un impatto su vari aspetti della vita di un individuo, compreso il benessere fisico, psicologico, sessuale e sociale.

Garantire una collaborazione e una comunicazione senza soluzione di continuità tra gli operatori sanitari coinvolti nel team di trattamento è essenziale per fornire un'assistenza completa e integrata. Ecco alcune strategie per coordinare l'assistenza tra le discipline:

1. **Stabilire linee di comunicazione chiare:**
   - Facilitare canali di comunicazione aperti e regolari tra tutti i membri del team multidisciplinare, inclusi medici, professionisti della salute mentale, fisioterapisti e altri specialisti coinvolti nella cura dell'individuo.
   - Implementa piattaforme sicure e conformi a HIPAA per condividere informazioni mediche rilevanti, piani di trattamento e aggiornamenti sui progressi.

2. **Designare un coordinatore assistenziale:**
   - Nominare un coordinatore sanitario dedicato, come un infermiere navigatore o un case manager, per facilitare la comunicazione e coordinare l'assistenza tra i fornitori.
   - Il coordinatore dell'assistenza può fungere da punto di contatto centrale, garantendo che le informazioni siano condivise in modo efficiente e che i

piani di trattamento siano allineati tra le discipline.

3. **Condurre riunioni periodiche del team multidisciplinare:**
   - Pianificare riunioni regolari o conferenze sui casi che coinvolgano tutti i membri del team di trattamento per discutere i progressi dell'individuo, affrontare eventuali preoccupazioni o sfide e sviluppare o adattare in modo collaborativo il piano di trattamento.
   - Questi incontri offrono un'opportunità di collaborazione interdisciplinare, un processo decisionale condiviso e una valutazione olistica dei bisogni dell'individuo.

4. **Sviluppare piani di trattamento completi:**
   - Sviluppare in modo collaborativo piani di trattamento completi che integrino raccomandazioni e interventi da tutte le discipline pertinenti, affrontando gli aspetti fisici, psicologici, sessuali e sociali della PGAD.

- o Garantire che gli obiettivi del trattamento siano allineati e che le potenziali interazioni o conflitti tra i diversi interventi siano affrontati in modo proattivo.

5. **Stabilire ruoli e responsabilità chiari:**
   - o Definire chiaramente i ruoli e le responsabilità di ciascun membro del team di trattamento per garantire una tempestiva continuità degli sforzi e delle lacune nella cura.
   - o Incoraggiare i professionisti di diverse discipline a rispettare le reciproche competenze e a collaborare nella comprensione e nel rispetto reciproci.

6. **Implementare cartelle cliniche elettroniche condivise (EHR):**
   - o Utilizzare un sistema di cartella clinica elettronica condiviso che consenta a tutti i membri del team di trattamento di accedere e contribuire alle informazioni mediche, ai piani di trattamento e alle note sui progressi dell'individuo.

- Le cartelle cliniche elettroniche facilitano la condivisione continua delle informazioni, riducono le ridondanze e garantiscono che tutti i fornitori possano accedere ai dati più aggiornati e completi.

7. **Coinvolgere l'individuo e i caregiver:**
    - Coinvolgere attivamente l'individuo affetto da PGAD e i suoi caregiver o il sistema di supporto nel processo di trattamento, garantendo una comunicazione aperta e un processo decisionale condiviso.
    - Incoraggiare l'individuo a comunicare preoccupazioni, preferenze o feedback agli operatori sanitari appropriati, promuovendo un approccio collaborativo e centrato sul paziente.

Un efficace coordinamento dell'assistenza tra le discipline richiede una comunicazione aperta, rispetto reciproco e un obiettivo condiviso di fornire un'assistenza completa e personalizzata alle persone con PGAD. Potrebbero essere necessari una valutazione regolare e un adeguamento delle strategie di coordinamento per affrontare le esigenze in evoluzione e garantire la continuità delle cure durante tutto il percorso terapeutico.

Capitolo 8

Popolazioni Speciali e Considerazioni

PGAD Pediatrico e Adolescenziale

Il disturbo dell'eccitazione genitale persistente (PGAD) è una condizione rara che può potenzialmente colpire individui di qualsiasi età, compresi bambini e adolescenti. Sebbene la prevalenza della PGAD nella popolazione pediatrica e adolescenziale non sia ben documentata, è fondamentale riconoscere e affrontare questa condizione con sensibilità e cure adeguate. Ecco alcune considerazioni importanti quando si ha a che fare con PGAD pediatrico e adolescenziale:

1. **Valutazione e diagnosi adeguate all'età:**
   - Condurre una valutazione e una diagnosi complete di PGAD nei bambini e negli adolescenti richiede un approccio delicato e adeguato all'età.

- ○ Gli operatori sanitari dovrebbero essere formati nella comunicazione con i minori su argomenti delicati e nel mantenere un ambiente non giudicante e di supporto.
- ○ È essenziale coinvolgere i genitori o i tutori legali nel processo, nel rispetto della privacy e dell'autonomia del bambino o dell'adolescente.

2. Fattori evolutivi e psicologici:

- ○ L'esordio del PGAD durante l'infanzia o l'adolescenza può avere impatti psicologici ed emotivi significativi sullo sviluppo e sul benessere dell'individuo.
- ○ Affrontare potenziali problemi legati all'immagine corporea, all'autostima, alle relazioni tra pari e all'adattamento psicosociale dovrebbe essere una priorità nel piano di trattamento.
- ○ Il coinvolgimento di professionisti della salute mentale, come psicologi o terapisti dell'infanzia e dell'adolescenza, è fondamentale per fornire supporto psicologico e interventi adeguati all'età.

3. Considerazioni fisiologiche:

- Nei bambini e negli adolescenti, la PGAD può essere associata a fattori fisiologici diversi rispetto agli adulti, come cambiamenti ormonali durante la pubertà o condizioni dello sviluppo neurologico.

- Potrebbe essere necessaria una valutazione medica completa, comprese potenziali valutazioni neurologiche o endocrine, per identificare eventuali fattori che contribuiscono sottostanti.

4. Approccio del team multidisciplinare:

- La gestione della PGAD nella popolazione pediatrica e adolescenziale richiede spesso un approccio di squadra multidisciplinare che coinvolga pediatri, ginecologi o urologi infantili e adolescenti, professionisti della salute mentale e altri specialisti rilevanti.

- Una stretta collaborazione e coordinamento tra i membri del team di trattamento sono essenziali per affrontare le esigenze specifiche del bambino o dell'adolescente.

5. **Considerazioni sul trattamento:**
   - Gli interventi farmacologici per la PGAD nei bambini e negli adolescenti dovrebbero essere affrontati con cautela, considerando i potenziali effetti collaterali, le interazioni farmacologiche e le implicazioni a lungo termine.
   - Interventi non farmacologici, come la terapia cognitivo-comportamentale (CBT), approcci basati sulla consapevolezza e modifiche dello stile di vita adeguate all'età, possono essere le opzioni terapeutiche iniziali preferite.

6. **Supporto ai genitori e al caregiver:**
   - Fornire istruzione e supporto ai genitori o agli operatori sanitari è fondamentale nella gestione del PGAD pediatrico e adolescenziale.
   - Coinvolgerli nel processo di trattamento, affrontare le loro preoccupazioni e domande e dotarli di

adeguate strategie di coping può migliorare i risultati.

7. **Considerazioni etiche e legali:**
   - Affrontare la PGAD nei minori può comportare considerazioni etiche e legali relative al consenso, alla riservatezza e alla capacità decisionale.
   - Gli operatori sanitari dovrebbero avere familiarità con le leggi e i regolamenti pertinenti e aderire ai principi etici quando lavorano con questa popolazione.

Il PGAD pediatrico e adolescenziale richiede un approccio sensibile, appropriato all'età e multidisciplinare per garantire una valutazione, una diagnosi e una gestione adeguate.

PGAD in Gravidanza e Postpartum

Il disturbo dell'eccitazione genitale persistente (PGAD) può presentare sfide e considerazioni uniche durante la gravidanza e il periodo postpartum. Sebbene la condizione sia rara, gli operatori sanitari devono essere consapevoli del potenziale impatto della PGAD sulle persone in gravidanza e dopo il parto e sulle loro famiglie. Ecco alcuni aspetti chiave da considerare:

1. **Cambiamenti ormonali e fisiologici:**
   - I significativi cambiamenti ormonali e fisiologici che si verificano durante la gravidanza e il periodo postpartum possono potenzialmente influenzare l'insorgenza o l'esacerbazione dei sintomi della PGAD.
   - Le fluttuazioni degli ormoni, come gli estrogeni e il progesterone, possono contribuire ad alterare i meccanismi di eccitazione sessuale e ad aumentare la sensibilità.
   - Inoltre, i cambiamenti fisici associati alla gravidanza, come l'aumento della vascolarizzazione e della pressione pelvica, potrebbero potenzialmente innescare o peggiorare i sintomi della PGAD.

2. **Impatto psicologico ed emotivo:**
   - Le sfide psicologiche ed emotive associate al PGAD possono essere aggravate durante la gravidanza e il periodo postpartum, quando gli

individui stanno già attraversando cambiamenti significativi della vita e potenziali disturbi dell'umore.

- o I sintomi della PGAD possono esacerbare i sentimenti di ansia, stress e angoscia, potenzialmente contribuendo o peggiorando i disturbi dell'umore perinatali.

3. **Impatto sull'intimità e sulle relazioni:**

- o Il PGAD può mettere a dura prova le relazioni intime e avere un impatto sulla funzione sessuale, il che può essere particolarmente difficile durante il periodo postpartum, quando le coppie si stanno adattando ai cambiamenti nelle loro dinamiche relazionali e ai bisogni di intimità.
- o La comunicazione aperta, il supporto e la consulenza possono essere utili per mantenere relazioni sane e affrontare eventuali preoccupazioni o sfide.

4. **Considerazioni sul trattamento:**

- o Gli interventi farmacologici per la PGAD durante la gravidanza e il periodo postpartum richiedono un'attenta valutazione e monitoraggio a causa dei potenziali rischi per il feto in via di sviluppo o per il neonato allattato al seno.

- Gli approcci non farmacologici, come la terapia cognitivo-comportamentale (CBT), gli interventi basati sulla consapevolezza e la terapia fisica del pavimento pelvico, possono essere opzioni terapeutiche preferite durante questo periodo.

5. Approccio del team multidisciplinare:

- La gestione della PGAD durante la gravidanza e il periodo postpartum spesso richiede un approccio di squadra multidisciplinare che coinvolga ostetrici, ginecologi, professionisti della salute mentale, terapisti del pavimento pelvico e altri specialisti rilevanti.
- Una stretta collaborazione e un coordinamento tra i membri del team di trattamento sono essenziali per soddisfare le esigenze specifiche

dell'individuo e garantire il benessere sia della madre che del bambino.

6. **Supporto e risorse dopo il parto:**
    - Fornire supporto e risorse adeguati alle persone che soffrono di PGAD durante il periodo postpartum è fondamentale, poiché questo può essere un momento particolarmente vulnerabile e difficile.
    - L'accesso a gruppi di supporto, servizi di consulenza e assistenza postpartum completa può aiutare ad affrontare le sfide fisiche, emotive e pratiche associate alla PGAD.

Affrontare la PGAD durante la gravidanza e il periodo postpartum richiede un approccio sensibile, individualizzato e multidisciplinare. Gli operatori sanitari dovrebbero essere preparati ad affrontare le sfide uniche affrontate da questa popolazione e fornire supporto e risorse adeguati per promuovere il benessere sia dell'individuo che della famiglia.

PGAD Negli Anziani

Il disturbo dell'eccitazione genitale persistente (PGAD) può presentare sfide e considerazioni uniche nella popolazione anziana. Sebbene la condizione possa verificarsi a qualsiasi età, è essenziale comprendere il potenziale impatto della PGAD sugli individui più anziani e rispondere alle loro esigenze. Ecco alcuni aspetti chiave da considerare:

1. **Cambiamenti fisiologici legati all'età:**
   - Man mano che gli individui invecchiano, possono verificarsi cambiamenti fisiologici che possono influenzare la presentazione e le potenziali cause della PGAD.
   - I cambiamenti ormonali associati alla menopausa o all'andropausa, i cambiamenti vascolari e le condizioni neurologiche più comuni negli anziani (ad esempio, il morbo di Parkinson, la sclerosi multipla) possono contribuire allo sviluppo o all'esacerbazione dei sintomi della PGAD.

2. **Comorbidità e politerapia:**
   - Gli anziani hanno spesso comorbilità multiple e possono assumere vari farmaci, il che può aumentare il rischio di potenziali interazioni

farmacologiche o effetti collaterali che contribuiscono al PGAD.

- Revisioni complete dei farmaci e considerazione delle condizioni mediche di base sono cruciali quando si valuta e si gestisce la PGAD in questa popolazione.

3. Considerazioni cognitive e funzionali:

- In alcuni casi, gli anziani affetti da PGAD possono anche manifestare disturbi cognitivi o limitazioni funzionali, che possono influire sulla loro capacità di comprendere e gestire la condizione in modo efficace.
- Potrebbero essere necessari approcci educativi, di supporto e terapeutici su misura per soddisfare le esigenze cognitive o funzionali.

4. Impatto psicologico e sociale:

- L'impatto psicologico e sociale del PGAD negli anziani può essere significativo, portando potenzialmente all'isolamento sociale, a una diminuzione della qualità della vita e a sfide nelle relazioni intime.

- ○ Affrontare questioni come l'immagine corporea, l'autostima e le preoccupazioni relative all'intimità può essere particolarmente importante in questa popolazione.

5. Considerazioni sul trattamento:

- ○ Gli interventi farmacologici per la PGAD negli anziani dovrebbero essere attentamente valutati, considerando le potenziali interazioni farmacologiche, i cambiamenti legati all'età nel metabolismo dei farmaci e i potenziali effetti collaterali.
- ○ Gli approcci non farmacologici, come la terapia cognitivo-comportamentale (CBT), gli interventi basati sulla consapevolezza e la terapia fisica del pavimento pelvico, possono essere le opzioni terapeutiche iniziali preferite.

6. Approccio del team multidisciplinare:

- ○ La gestione della PGAD negli anziani spesso richiede un approccio di squadra multidisciplinare che coinvolga geriatri, operatori sanitari di base, professionisti della salute mentale, terapisti del pavimento pelvico e altri specialisti rilevanti.

- o Una stretta collaborazione e coordinamento tra i membri del team di trattamento sono essenziali per affrontare le esigenze specifiche dell'individuo anziano e garantire un'assistenza completa.

7. **Supporto e coinvolgimento del caregiver:**
   - o In alcuni casi, gli anziani affetti da PGAD possono richiedere assistenza da parte di operatori sanitari o familiari per gestire la propria condizione e aderire ai piani di trattamento.
   - o Fornire istruzione e sostegno ai caregiver può facilitare una migliore comprensione e impegno nella cura dell'individuo.

Affrontare il PGAD nella popolazione anziana richiede un approccio sensibile, adatto all'età e multidisciplinare, considerando i fattori fisiologici, psicologici e sociali unici associati all'invecchiamento.

Capitolo 9

Direzioni Future e Domande Senza Risposta

Aree per Ulteriori Ricerche

Il disturbo dell'eccitazione genitale persistente (PGAD) è una condizione relativamente nuova e poco studiata, e ci sono ancora molte domande senza risposta e aree che richiedono ulteriori ricerche. Migliorare la nostra comprensione del PGAD è fondamentale per migliorare la diagnosi, il trattamento e la gestione complessiva di questo disturbo debilitante. Ecco alcune aree chiave che meritano ulteriori indagini:

- **Studi epidemiologici:**
  - Condurre studi epidemiologici su larga scala è essenziale per comprendere meglio la prevalenza, l'incidenza e la distribuzione della PGAD tra diverse popolazioni, età, generi ed etnie.

- ○ Tali studi possono fornire preziose informazioni sui potenziali fattori di rischio, sulle influenze ambientali e sui modelli demografici associati al PGAD.

- **Eziologia e fisiopatologia:**
  - ○ Sono necessarie ulteriori ricerche per svelare i meccanismi sottostanti e la fisiopatologia della PGAD, compresi i fattori neurologici, ormonali, vascolari e psicologici che contribuiscono al suo sviluppo e alla sua persistenza.
  - ○ Comprendere l'eziologia potrebbe portare ad approcci terapeutici più mirati ed efficaci.

- **Fattori genetici ed ereditari:**
  - ○ Esplorare le potenziali componenti genetiche ed ereditarie della PGAD potrebbe far luce sulle possibili predisposizioni o modelli familiari del disturbo.
  - ○ Gli studi genetici possono anche fornire informazioni sui percorsi biologici coinvolti e contribuire allo sviluppo di strategie di trattamento personalizzate.

- **Tecniche di neuroimaging e neurostimolazione:**
  - Tecniche avanzate di neuroimaging, come la risonanza magnetica funzionale (fMRI) o la tomografia a emissione di positroni (PET), potrebbero aiutare a identificare le regioni cerebrali e i circuiti neurali coinvolti nella PGAD.
  - Inoltre, esplorare le potenziali applicazioni terapeutiche dei metodi di neurostimolazione, come la stimolazione magnetica transcranica (TMS) o la stimolazione cerebrale profonda (DBS), potrebbe offrire opzioni di trattamento alternative per i soggetti con PGAD refrattario.

- **Biomarcatori e strumenti diagnostici:**
  - L'identificazione di biomarcatori affidabili o lo sviluppo di strumenti diagnostici specializzati potrebbero migliorare l'accuratezza e l'efficienza della diagnosi PGAD, portando potenzialmente a un intervento precoce e a una migliore gestione.

- **Studi clinici ed efficacia del trattamento:**
  - Condurre studi clinici ben progettati è fondamentale per valutare l'efficacia e la sicurezza di vari approcci terapeutici farmacologici, psicologici e complementari per la PGAD.
  - Tali studi potrebbero fornire una guida basata sull'evidenza per gli operatori sanitari e facilitare lo sviluppo di protocolli di trattamento standardizzati.

- **Impatto sulla qualità della vita e fattori psicosociali:**
  - Sono necessarie ulteriori ricerche per comprendere meglio l'impatto multidimensionale del PGAD sulla qualità della vita, sulla salute mentale, sulle relazioni intime e sul benessere psicosociale generale.
  - Questa conoscenza può informare lo sviluppo di sistemi di supporto e interventi completi per affrontare la convivenza con gli aspetti psicologici e sociali del PGAD.

- **Popolazioni speciali e considerazioni:**
  - Indagare le sfide e i bisogni unici di popolazioni speciali, come bambini e adolescenti, anziani, individui con disabilità e individui provenienti da contesti culturali diversi, è essenziale per fornire un'assistenza personalizzata e inclusiva per PGAD.

Gli sforzi di collaborazione tra ricercatori, operatori sanitari, gruppi di difesa dei pazienti e agenzie di finanziamento sono cruciali per affrontare queste aree di ricerca e migliorare la nostra comprensione della PGAD.

Trattamenti Emergenti All'orizzonte

Il disturbo dell'eccitazione genitale persistente (PGAD) è una condizione relativamente nuova e poco studiata e, poiché la nostra comprensione dei suoi meccanismi sottostanti e della sua fisiopatologia continua ad evolversi, così fanno anche i potenziali approcci terapeutici all'orizzonte.

Mentre le attuali strategie di gestione spesso implicano una combinazione di terapie farmacologiche, psicologiche e complementari, la ricerca in corso e gli studi clinici stanno esplorando modalità di trattamento nuove e innovative. Ecco alcuni trattamenti emergenti che sono promettenti per la futura gestione della PGAD:

- **Interventi farmacologici mirati:**
  - Man mano che la nostra conoscenza dei fattori neurologici, ormonali e vascolari coinvolti nella PGAD si approfondisce, diventa possibile lo sviluppo di interventi farmacologici più mirati e specifici.
  - I ricercatori stanno esplorando il potenziale dei farmaci che modulano specifici sistemi di neurotrasmettitori, percorsi ormonali o meccanismi vascolari implicati nella regolazione dell'eccitazione e dell'inibizione sessuale.

- **Tecniche di neuromodulazione e stimolazione cerebrale:**
  - I progressi nelle tecnologie di neuromodulazione e stimolazione cerebrale, come la stimolazione magnetica transcranica (TMS), la stimolazione transcranica a corrente

continua (tDCS) e la stimolazione cerebrale profonda (DBS), stanno aprendo nuove strade per il trattamento della PGAD.

- ○ Queste tecniche possono offrire modi non invasivi o minimamente invasivi per modulare l'attività di specifiche regioni cerebrali o circuiti neurali coinvolti nella regolazione dell'eccitazione e dell'inibizione sessuale.

- **Medicina rigenerativa e terapie con cellule staminali:**
  - ○ Il campo della medicina rigenerativa e delle terapie con cellule staminali ha il potenziale per affrontare i casi PGAD correlati a danni o disfunzioni nervose.
  - ○ I ricercatori stanno esplorando l'utilizzo di cellule staminali o altri approcci rigenerativi per riparare o rigenerare i nervi danneggiati o i percorsi neurali che contribuiscono alle persistenti sensazioni di eccitazione genitale.

- **Medicina personalizzata e terapie di precisione:**
  - Man mano che la nostra comprensione delle basi genetiche e molecolari della PGAD migliora, il potenziale della medicina personalizzata e delle terapie di precisione adattate al profilo genetico unico di un individuo o ai marcatori biologici diventa sempre più fattibile.
  - Questo approccio potrebbe portare a strategie di trattamento più mirate ed efficaci che affrontino i meccanismi sottostanti che contribuiscono al PGAD di ciascun individuo.

- **Dispositivi indossabili e telemedicina:**
  - Lo sviluppo di dispositivi indossabili e tecnologie di monitoraggio remoto potrebbe facilitare il monitoraggio e la gestione in tempo reale dei sintomi della PGAD, consentendo approcci terapeutici più personalizzati e adattivi.
  - Inoltre, l'integrazione della telemedicina e delle piattaforme di

assistenza virtuale potrebbe migliorare l'accesso alle cure specializzate PGAD, in particolare per le persone che vivono in aree remote o scarsamente servite.

- **Realtà virtuale e terapia digitale:**
  - L'uso della realtà virtuale (VR) e della terapia digitale è un campo emergente che ha un potenziale per la gestione del PGAD.
  - Gli ambienti VR potrebbero essere utilizzati per terapie espositive, training di consapevolezza o interventi cognitivo-comportamentali, fornendo esperienze terapeutiche coinvolgenti e coinvolgenti.
  - Le terapie digitali, come le applicazioni mobili o le piattaforme basate sul web, potrebbero offrire strumenti di autogestione accessibili e personalizzati per le persone con PGAD.

Molti di questi trattamenti emergenti sono ancora nelle prime fasi di ricerca e sviluppo. La loro sicurezza, efficacia e applicabilità alla gestione della

PGAD richiederanno ulteriori indagini rigorose attraverso studi clinici e approvazioni normative.

Migliorare L'istruzione e la Consapevolezza

Migliorare l'educazione e la consapevolezza sul disturbo dell'eccitazione genitale persistente (PGAD) è fondamentale per destigmatizzare la condizione, promuovere il riconoscimento precoce e facilitare l'accesso a cure e supporto adeguati. Nonostante il suo impatto significativo sulla qualità della vita delle persone, la PGAD rimane una condizione relativamente sconosciuta e fraintesa, anche tra molti operatori sanitari.

Affrontare questa lacuna di conoscenze e aumentare la consapevolezza è essenziale per far avanzare la diagnosi, il trattamento e la gestione generale della PGAD. Ecco alcune strategie chiave che possono contribuire a migliorare l'educazione e la consapevolezza:

- **Formazione e formazione degli operatori sanitari:**
  - Incorporare la formazione PGAD nei programmi di studio medici, infermieristici e professionali affini

può fornire ai futuri operatori sanitari le conoscenze e le competenze per riconoscere, diagnosticare e gestire questa condizione.

- Programmi di formazione continua, seminari e workshop per gli operatori sanitari praticanti possono tenerli aggiornati sulle ultime ricerche, criteri diagnostici e approcci terapeutici per PGAD.

- **Campagne di sensibilizzazione del pubblico:**
  - Lo sviluppo e l'implementazione di campagne di sensibilizzazione pubblica, in collaborazione con gruppi di difesa dei pazienti e organizzazioni sanitarie, può aiutare ad aumentare la visibilità e la comprensione del PGAD da parte della popolazione generale.
  - Queste campagne possono utilizzare varie piattaforme, come social media, televisione, radio e materiale stampato, per diffondere informazioni accurate e accessibili sul PGAD.

- **Risorse per l'educazione del paziente:**

- La creazione di risorse educative complete e di facile utilizzo, come brochure informative, video o piattaforme online, può potenziare le persone con PGAD e i loro caregiver fornendo informazioni affidabili sulla condizione, sulla sua gestione e sui servizi di supporto disponibili.

- **Destigmatizzazione e dialogo aperto:**
  - Promuovere un dialogo aperto e conversazioni sulla PGAD all'interno della comunità sanitaria e della società in generale può aiutare a destigmatizzare la condizione e incoraggiare le persone a rivolgersi al medico senza paura o imbarazzo.
  - Il coinvolgimento di gruppi di difesa dei pazienti, reti di supporto e organi di stampa può facilitare discussioni oneste e compassionevoli sulle sfide affrontate dalle persone con PGAD.

- **Diffusione della ricerca e condivisione delle conoscenze:**
  - Garantire che i risultati della ricerca e i progressi nella comprensione della

PGAD siano ampiamente diffusi attraverso pubblicazioni scientifiche, conferenze e reti professionali può contribuire alla continua espansione della conoscenza e allo sviluppo delle migliori pratiche.

- La creazione di reti e piattaforme collaborative per ricercatori, medici e sostenitori dei pazienti per condividere intuizioni ed esperienze può accelerare la traduzione della ricerca in applicazioni pratiche.

- **Collaborazione con le parti interessate:**
  - Promuovere collaborazioni tra operatori sanitari, ricercatori, gruppi di difesa dei pazienti, politici e parti interessate può creare uno sforzo coeso e coordinato per migliorare l'educazione e la consapevolezza sulla PGAD.
  - Tali collaborazioni possono anche informare lo sviluppo di linee guida, politiche e allocazione di risorse per supportare le iniziative di educazione e sensibilizzazione PGAD.

Migliorare l'educazione e la consapevolezza sulla PGAD richiede un approccio multiforme che coinvolga operatori sanitari, ricercatori, difensori dei pazienti e la comunità più ampia. Affrontando le lacune di conoscenza, destigmatizzando la condizione e promuovendo un dialogo aperto, le persone con PGAD possono ricevere la comprensione, il sostegno e le cure adeguate che meritano, migliorando in definitiva la loro qualità di vita complessiva.

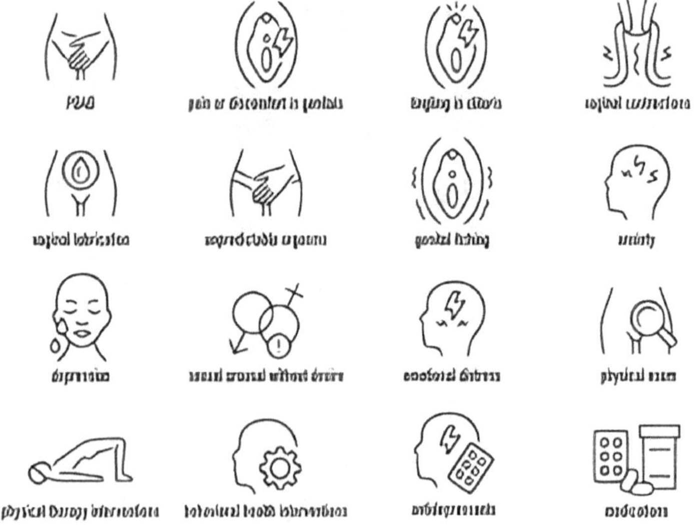

Conclusione

Il disturbo dell'eccitazione genitale persistente (PGAD) è una condizione complessa e spesso fraintesa che può avere un profondo impatto sul benessere fisico, psicologico e sociale di un individuo. Nonostante la sua rarità, la PGAD rappresenta una sfida significativa che richiede un approccio globale e multidisciplinare alla gestione.

Questa guida completa ha lo scopo di fornire un'esplorazione dettagliata della PGAD, coprendo vari aspetti, dalla sua definizione e criteri diagnostici alle ultime ricerche su eziologia, fisiopatologia e modalità di trattamento. Studiando l'intricata interazione di fattori fisiologici, neurologici e psicologici che contribuiscono al PGAD, abbiamo acquisito una comprensione più profonda della natura multiforme di questa condizione.

In tutti i capitoli, abbiamo sottolineato l'importanza di un approccio centrato sul paziente, riconoscendo le esperienze e le esigenze uniche di ogni individuo che vive con PGAD. Strategie di gestione efficaci spesso comportano una combinazione di interventi farmacologici, terapie psicologiche, approcci complementari e integrativi e modifiche dello stile di vita adattate alle circostanze specifiche dell'individuo.

Costruire un team di trattamento collaborativo e multidisciplinare è fondamentale, coinvolgendo professionisti sanitari di varie specialità, come ginecologi, urologi, neurologi, professionisti della salute mentale e terapisti del pavimento pelvico. Questo sforzo collaborativo garantisce un approccio olistico e completo, affrontando gli aspetti fisici, psicologici, sessuali e sociali della PGAD.

Sebbene siano stati compiuti passi avanti significativi nella comprensione e nella gestione della PGAD, rimangono numerose domande senza risposta e aree per ulteriori ricerche. L'esplorazione continua dell'eziologia, della fisiopatologia e dei potenziali bersagli terapeutici è fondamentale per sviluppare trattamenti più efficaci e mirati. Inoltre, lo studio dell'impatto della PGAD sulla qualità della vita e sulle popolazioni speciali aiuterà a garantire un'assistenza inclusiva e su misura per tutti gli individui affetti da questa condizione.

Guardando al futuro, i trattamenti emergenti e gli approcci innovativi promettono di migliorare la vita di coloro che vivono con PGAD. L'orizzonte è maturo con potenziali scoperte, dagli interventi farmacologici mirati e le tecniche di neuromodulazione alla medicina rigenerativa e alle terapie personalizzate.

Altrettanto importante è la necessità di migliorare l'educazione e la consapevolezza sulla PGAD tra gli operatori sanitari, i politici e il pubblico in generale. Destigmatizzare la condizione, promuovere un dialogo aperto e diffondere informazioni accurate sono passi essenziali verso il riconoscimento precoce, la diagnosi appropriata e l'accesso a risorse di supporto.

In conclusione, questa guida completa testimonia i progressi significativi compiuti nella comprensione e nella gestione del disturbo dell'eccitazione genitale persistente. Evidenzia inoltre l'impegno costante e la collaborazione richiesti da ricercatori, operatori sanitari, difensori dei pazienti e politici per continuare a far avanzare il campo e migliorare la qualità della vita delle persone colpite da questa condizione complessa e impegnativa.

Appendice

Glossario di Termini

Clitoride: Piccola struttura erettile situata all'apice della vulva, contenente un'alta concentrazione di terminazioni nervose e che svolge un ruolo cruciale nella stimolazione e nell'eccitazione sessuale.

Stimolazione cerebrale profonda (DBS): Una procedura neurochirurgica invasiva che prevede l'impianto di elettrodi in specifiche regioni del cervello per modulare l'attività neuronale attraverso la stimolazione elettrica.

Dopamina: Un neurotrasmettitore coinvolto in varie funzioni, tra cui la ricompensa, la motivazione e la regolazione del comportamento e del desiderio sessuale.

Dispareunia: Dolore genitale persistente o ricorrente associato all'attività sessuale.

Ipotalamo: Regione del cervello che svolge un ruolo cruciale nella regolazione di vari processi fisiologici, tra cui la funzione e il comportamento sessuale.

Dolore neuropatico: Dolore derivante da lesione o disfunzione del sistema nervoso, spesso descritto come sensazione di bruciore, fitta o sensazione elettrica.

Noradrenalina: Un neurotrasmettitore coinvolto nella regolazione dell'attenzione, dell'eccitazione e delle risposte allo stress, tra le altre funzioni.

Nervo Pudendo: Un nervo importante che innerva i genitali esterni e i muscoli del pavimento pelvico, svolgendo un ruolo nella funzione sessuale.

Serotonina: Un neurotrasmettitore coinvolto, tra le altre funzioni, nella regolazione dell'umore, del sonno, dell'appetito e del comportamento sessuale.

Stimolazione transcranica a corrente continua (tDCS): Una tecnica di stimolazione cerebrale non invasiva che prevede l'applicazione di correnti elettriche dirette a bassa intensità sul cuoio capelluto, modulando l'eccitabilità delle regioni cerebrali sottostanti.

Stimolazione Magnetica Transcranica (TMS): Una tecnica di stimolazione cerebrale non invasiva che utilizza campi magnetici per modulare l'attività di specifiche regioni del cervello.

Risorse

1. **Società internazionale per lo studio della salute sessuale delle donne (ISSWSH):** www.isswsh.org.
   - Si tratta di un'organizzazione professionale dedicata al progresso della conoscenza e della ricerca sulla salute sessuale delle donne, comprese informazioni e risorse sulla PGAD.

2. **Società Internazionale del Dolore Pelvico (IPPS):** www.pelvicpain.org.
   - Si tratta di un'organizzazione focalizzata sulla promozione dell'educazione, della ricerca e del patrocinio relativi a varie condizioni di dolore pelvico, incluso il PGAD.

3. **PersistentDesire.com**
   - Comunità di supporto online e risorsa per persone affette da PGAD, che

fornisce informazioni, forum e collegamenti con gli operatori sanitari.

4. **Rete di supporto PGAD:** www.pgadsupport.org.
   - Un'organizzazione senza scopo di lucro che offre risorse, gruppi di supporto e materiale educativo per le persone affette da PGAD.

5. **Associazione Nazionale Vulvodinia:** www.nva.org.
   - Un'organizzazione dedicata al supporto di soggetti affetti da vulvodinia e altre condizioni di dolore vulvare, che potrebbero sovrapporsi o essere erroneamente diagnosticate come PGAD.

Circa L'autore

Di Isabella White la scrittura illumina le sfide della salute con profonda competenza e compassione. In qualità di professionista della medicina integrativa, fonde le conoscenze mediche convenzionali con approcci olistici basati sull'evidenza.

La Dott.ssa White ha conseguito la laurea in medicina e un master in medicina tradizionale cinese presso l'Università di Washington. Ha oltre 15 anni di esperienza clinica, consentendo ai pazienti di ottimizzare la propria salute e il proprio benessere. In qualità di scrittore esperto di salute, il Dr. White è rinomato per aver distillato concetti medici complessi in un linguaggio accessibile e coinvolgente. Ha pubblicato articoli sulle tecniche integrative in riviste e libri di medicina.

www.ingramcontent.com/pod-product-compliance
Lightning Source LLC
Chambersburg PA
CBHW061647250726
48659CB00004B/1401